간다 마사노리의
매니지먼트
Management

神話のマネジメント
SHINWA NO MANAGEMENT

Copyright © 2014 by Masanori Kanda
First published in Japan in 2014 by FOREST Publishing Co., Ltd.
Korea edition rights arranged with FOREST Publishing Co., Ltd.
through Shinwon Agency Co.

MANAGEMENT

간다 마사노리의
매니지먼트

간다 마사노리 지음 김수연·이수미 옮김

두드림미디어

- 혼탁한 세상 속에서 새로운 세상을 창조하는
매니지먼트에 오신 것을 환영합니다 -

혹시나 해서 미리 말씀드리지만, 이 책을 읽었다고 해서 일반적인 마케팅 서적에서 말하고 있는 안정적인 조직을 꾸릴 수는 없습니다. 저에게 그런 능력이 있었다면 벌써 예전에 은퇴하고 편하게 여생을 살고 있었을 테죠. 저자인 제가 사업을 하면서 매일 희망과 실망을 반복하고, 예상을 뛰어넘는 변화에 또 변화를 맞이하면서 조직을 발전시켰다면 지금쯤 비즈니스를 본격적으로 하고 있을 것입니다. 그러니까 혹시라도 여러분 중에 안정적으로 움직이는 조직 구성에 관심이 많다면 다른 책을 읽을 것을 권해드립니다.

여러분도 익히 알고 계시듯이 깔끔한 비즈니스 모델을 만들어 그것을 움직이게 하는 현장은 진흙 속에 발을 담그고 있는 것과 같습니다. 진흙을 밟으면서도 자신들의 왕국을 세울 새로운 땅을 찾아 헤매다 그 땅을 발견하게 되면 언제 그랬냐는 듯 하얀 턱시도에 에나멜 구두를 신고 도도하게 걸어갑니다. 그런 기적을 가능하게 하는 것이 바로 이 책의 노하우입니다.

비즈니스를 관리하는 것이 '앞면의 매니지먼트'라면, 이 책에 적힌 내용은 '뒷면의 매니지먼트'입니다. 점심에 진행했던 미팅에서는 절대로 프로젝터로 보여드리지 않았던 것인데, 사업을 성장시키려면 도망가서는 안 되겠죠. 본질적인 문제들의 의미를 지금 던집니다.

- 왜 매출 8억 엔의 회사가 10억 엔을 목표로 하면 회사에 문제가 발생해 6억 엔으로 매출이 떨어질까?
- 왜 사업이 성장하기 시작하는 초창기에 인간관계의 문제가 생길까?

- 어떤 타이밍에 횡령, 분열, 더 나아가 불륜, 조폭과의 문제 등이 발생하기 쉬워질까?
- 왜 신화의 등장인물을 파악하는 것만으로 누구나 행복해지는 조직을 만들 수 있나?

이런 '뒷면의 매니지먼트'를 제대로 파악하는 것으로 여러분은 지금까지와는 다른 레벨의 활동을 할 수 있게 됩니다. 즉, 비즈니스 리더로서 확실하게 진화하게 되는 것입니다.

일반적으로 매니지먼트 스킬이라고 하면 업무 현장에서 혼란을 잠재우고, 예상되는 일상을 창조하는 스킬을 말합니다. 그런데 생각해봅시다. 업무 현장에서 혼란을 잠재우기 위해 여러분이 많은 시간을 할애했다면 잃는 것도 많겠죠.

- 불신을 잠재워야 비로소 증명되는 나의 재능.
- 불안정 속에서 질문을 계속 던져야 발견되는 새로운 시장의 요구.
- 불합리함 속에서 갈등하기 때문에 단련되는 정신력.
- 주변을 비판할 수 있는 환경이기 때문에 지켜지는 자신의 안정성.

이처럼 혼란을 없애기 위해 생기는 단점을 생각한 순간, 혼란이 가져올 본질적인 장점을 깨닫게 됩니다. 혼란 속에 몸을 담기 때문에 여러분은 리더로서 성장할 기회를 얻게 되는 것입니다. 아무 일도 일어나지 않는 순풍의 돛배 같은 조직에 몸을 싣는 것이 괜찮을지도 모릅니다. 하지만 새로운 시대를 창조하는 리더가 되려면 혼란을 겪는 불합리한 환경 속에 몸을 던지는 것도 중요합니다. 그런 리더를 육성하기 위해서는 굳이 혼란 속으로 스스로 파고드는 듯한 느낌을 가지는 것이 필요합니다.

다시 생각해보면, 지금 여러분에게 필요한 것은 예상할 수 있는 일상을 만들어내는 '안정의 매니지먼트'가 아닌, 예상이 전혀 안 되는 비일상적인 것, 즉 드라마와 같은 시대를 이끌어가는 리더를 육성하는 매니지먼트가 필요합니다. 그것이 바로 '신화의 매니지먼트'가 아닐까요?

'신화의 매니지먼트'에 대한 이해를 깊이 있게 다루다 보면, 여러분은 동시에 일순간 풍요로워지는 기술을 터득하게 됩니다. 왜냐하면 비즈니스 리더는 주변을 매료시키는 스토리를 말하면서 동시에 부를 거머쥐는 존재이기 때문입니다.

여기는 중요한 포인트이기 때문에 소리를 내서 읽어보시길 바랍니다.

"부라는 것은 노력이나 노동 시간이 만들어내는 것이 아니라 스토리를 그려내는 순간에 출현하는 것이다."

이 결론에 직감적으로 위화감을 느끼는 분들도 계실 것입니다. 스토리를 그려내는 것만으로는 안 되고, 상상한 것을 구체적인 형태로 만들어내는 노력이 필요하다고 지금까지 배워왔기 때문입니다. 그런데 제 관찰에 따르면, '스토리의 창출'과 '부의 출현'은 동시에 일어난다는 것이었습니다.

이야기가 잠시 튄 것 같은데 어쨌든 이 결론에 다다랐군요. 제가 주가(株價)를 연구하는 방법을 하나 소개할까 합니다.

이 책의 232페이지에 설명된 노하우에 '봄여름가을겨울 이론'이 있습니다. 좀 쉽게 말씀드리면, 사람의 운기(運氣)[1]를 예상하는 바이오리듬과 같은 것입니다. 이 이론을 활용해 사람들의 움직임을 살피면 마음속 깊은 곳에서 그리고 있는 스토리가 떠오릅니다. 우연처럼 일어나는 현실의 일들이 왜 일어나는지 그 의미를 어느 정도 알 수 있게 됩니다.

작년 말의 일이었습니다. 저는 실제 경영주가 대표인 오너계 상장기업의 주가와 경영자의 운기 관계성을 조사하고 있었습니다. 자, 그러면 여기서 여러분들에게 질문을 드려보겠습니다. 주가가 오르는 것은 경영자의 운기 사이클을 봄여름가을겨울의 사계절에 빗대어 본다면, 어느 계절에 과연 해당할까요? 에너지가 충실한 '여름'일까요? 아니면 수확하는 '가을'일까요? 직감적으로는 기세가 좋은 '여름'이라고 생각할지도 모르겠습니다. 하지만 결과는 경영자의 운기가 '겨울'일 때 회사의 주가는 정점을 찍는 경우가 많습니다.

'봄여름가을겨울 이론'에 따르면, '겨울'은 새로운 비전을 그리는 데 최적의 시기입니다. 맑은 공기 속에서 멀리 공을 던지는 시기, 그것이 제대로 형태를 이루었는지 알 수 없지만, 그에 상관하지 않고 주가는 오릅니다. 즉, 미래를 향한 신화를 그리기 시작한 순간에 부가 출현하는 것입니다.

새로운 신화는 지금까지의 인식을 바로잡는 것에서 새로운 발견을

---

1) 운기(運氣) : 자연현상에 사람의 운명을 빗대어서 길흉을 판단하는 일입니다. - 편집자 주.

하고, 또 새로운 언어를 탄생시킵니다. 또한, 새로운 사람들이 모여들어 새로운 재능이 잎을 틔우고, 새로운 세상이 창조됩니다. 이런 새로운 부를 만들기 위한 열쇠는 바로 신화 만들기에 있는 것입니다.

신화는 과거를 적은 이야기가 아닙니다.

새로운 세계를 탄생시키기 위한 최고의 테크놀로지인 것이죠. 지금 이야말로 대세에 편승한 영웅들이 무대에 나타날 시기입니다. 수많은 신화의 탄생이 기다리고 있죠. 이 책은 신화 만들기의 조력자가 되기 위해, 그리고 더 나아가 그 조력자를 육성하기 위한 실천서의 역할을 하려고 합니다. 지금부터 새로운 세계를 창조해나가는 여러분과 그 일을 함께하고 싶습니다.

앞으로 우리가 나아갈 길은 절대로 평범하지 않은 길일 것입니다. 쉽지 않은 길이겠죠. 그러므로 더 최고로 두근거립니다. 가치 있는 길로 떠나는 것. 여행은 길에서부터 멀어질수록 재미있는 것이죠. 이렇게 책을 통해 독자인 여러분들과 새로운 세계를 창조할 수 있다는 사실에 마음으로부터 감사의 인사를 드립니다.

간다 마사노리

이번 책《간다 마사노리의 매니지먼트》를 통해 제가 1998년부터 2004년에 걸쳐 클라이언트를 위해 원고를 썼던 3부작은 드디어 종지부를 찍습니다. 지금까지 펴낸《불변의 마케팅》,《금단의 세일즈 카피라이팅》과 더불어 비즈니스를 통해 사회를 변혁하는 과정에 대해 공유하려고 했습니다. 이들 시리즈를 읽고 재미있었다고 생각하셨던 분들은 10년 전의 제가 아닌, 현재의 저와 미래를 창조해주셨으면 하는 간절한 바람이 있습니다. 왜냐하면 10년 전의 제가 2014년의 현재를 잘 통과하고 있는 것처럼, 지금의 저는 10년 후의 미래를 잘 통과하기 위해 이 순간 열심히 실천 중이기 때문입니다.

과거의 두 작품과 똑같이, 이 책에 대해서도 독자 한정의 목소리 해설을 수록할 예정입니다. 이 책을 다 읽으신 분들은 꼭 목소리 해설도 활용해주시길 바랍니다. 이제 과거가 아닌, 미래로 향하는 신화를 함께 써보는 것은 어떨까요?

＊편집부 주 : 목소리 해설은 우리 회사가 진행하는 선물 캠페인입니다.
(목소리 해설은 일본의 출판사가 진행하는 내용으로, 한국의 번역본과는 상관없음을 알려드립니다.)

간다 마사노리의 책 중에서도 이 책은 아주 귀한 책이 될 것 같습니다. 왜냐하면 마케팅의 구루로 알려진 간다 마사노리가 집필한 최초의 중소기업 사장용 매니지먼트 책이기 때문입니다. 하지만 이 책은 지금 한국의 시점에서 읽어보면 1인 기업, 특히 퍼스널 비즈니스를 하는 사람들에게 많은 시사점을 주는 책입니다.

그런데 마케터인 간다 마사노리는 왜 매니지먼트 책을 썼을까요? 간다 마사노리는 복잡한 문제의 패턴을 읽어내는 데 천부적인 재질을 가지고 있습니다. 그는 수많은 경영자와 기업가를 만나면서 그들의 문제점이 비슷한 패턴으로, 비슷한 타이밍에 나타난다는 것을 발견했다고 합니다. 따라서 이 책은 사업을 성장시키는 데 있어서 피할 수 없는 문제의 본질을 밝혀 주는 간다 마사노리의 혜안이 담긴 책입니다. 경영자나 기업가라면 누구나 겪게 되는 매니지먼트의 이면에 초점을 맞춤으로써 지금까지의 차원을 뛰어넘는 비즈니스 리더로 진화하기 위한 로드맵을 보여줍니다.

이 책은 문제가 생길 시기를 예측하고 해결책까지도 준비해둘 수 있다는, 지금까지의 매니지먼트 상식을 뒤집는 내용이 담겨 있습니다. 그야말로 '비상식적'인 매니지먼트 법입니다. 중소기업의 경영자나 임원들은 물론이고, 1인 기업가, 퍼스널 비즈니스를 하는 분들에게 꼭 추천할 만한 책입니다.

퍼스널비즈니스협회 회장
나홀로비즈니스스쿨 대표
서승범

저는 요식업 프랜차이즈 대표 이력을 가진 17년 차 창업전문가이자, 영업회사의 대표입니다. 그리고 나의 '롤모델', 일본 최고의 마케터이자 경영 컨설턴트인 간다 마사노리를 존경하는 사람입니다. 국내에 출판된 간다 마사노리 책은 모든 수단과 방법을 동원해서 수집해 소장하고 있는 극성팬이기도 합니다.

간다 마사노리의 모든 책이 훌륭하지만, 저에게 가장 큰 영향력을 줬던 책이 있습니다. 바로 《누구에게나 세 번의 기회는 있다》입니다. 현재는 절판되어 중고책이 고가에 거래되고 있는데, 그도 그럴 것이 창업가·기업가라면 반드시 읽어야 하는 필독서이기 때문입니다. 《누구에게나 세 번의 기회는 있다》가 속편이라면, 이 책 《간다 마사노리의 매니지먼트》는 본편입니다. 사업을 성장시키는 데 피할 수 없는 문제의 본질을 풀어낸 책으로 속편에서 다루는 주제보다 광범위한 경영·조직관리 전반을 다루고 있습니다.

이 책에서 제가 뽑은 핵심 키워드는 '조직을 움직이는 4개의 역할 : 창업가, 실무자, 관리자, 통합자'입니다. 지금 회사를 운영하시는 분이라면, 이 키워드만 보고도 내용을 유추하실 수 있을 것입니다. 많은 경영자·기업가는 회사(기업)를 운영하면서 다양한 문제를 겪게 됩니다. 게다가 그 문제는 비슷한 패턴, 비슷한 시기에 나타나기 때문에 사전에 예측하고 해결책을 미리 준비할 수 있다는 간다 마사노리 방식의 상식을 뒤집는 내용이 담겨 있습니다.

창업에 관심이 있으신가요? 언젠가 창업하실 계획이 있다면 창업가·기업가 전용 관리 책, 경영의 바이블,《간다 마사노리의 매니지먼트》를 두고두고 보시게 될 것입니다. 책을 다 읽고 난 지금, 제 머릿속은 온통 이 생각뿐입니다.

'지금의 회사를 운영하기 전에 이 책을 미리 읽을 수 있었다면, 시행착오를 겪은 3년은 없어도 됐을 텐데…'

정답지를 얻게 된 여러분은 부디 돌아가지 마시고 직진하시길 바랍니다.

㈜특창사 대표
프랜차이즈 인큐베이팅 사업가
이근우

| 차례 |

혼탁한 세상 속에서 새로운 세상을 창조하는
매니지먼트에 오신 것을 환영합니다   6

추천사   12

제1장 | 액셀을 계속 밟으면, 반드시 급커브가 찾아온다

액셀을 계속 밟기만 하는 기업에 잠재하는 3가지 위험성   22
위험성 1. 영업을 강화하다 보니 조직에 균열이 생기다   24
위험성 2. 매출은 급격하게 늘고 있다. 그런데 눈치챘을 때는
　　　　　은행 계좌에 돈이 없다!   28
위험성 3. 수입은 점점 늘어난다. 하지만 경영자의 가족 마음은 뿔뿔이!   31
고객 획득을 통해 일류 기업으로   34
최단 시간에 가정과 회사에서 행복한 경영자가 되려면?   39
구조가 완벽하다고 해서 비즈니스가 성공한다는 보장은 없다   43
나는 빚 때문에 발을 헛디뎠다?   46
역경을 플러스로 바꾸는 배움의 법칙   51
답이 보이지 않는 퀴즈   55
외면하고 싶어 억누르고 있던 어두운 마음   58
가치 없음을 양산하는 땅   62
빌려준 돈의 결말   67

제2장 | 성장에는 '함정'도 따르기 마련이다

복수의 프로젝트를 자동으로 조종하는 매니지먼트 방법　　　72

문제가 생기는 타이밍을 예측하는 '극장 사고'　　　76

문제는 '신화의 패턴'에서 발생한다　　　80

회사 조직이 붕괴되는 타이밍　　　85

'모모타로'로 엿본 조직의 인간관계　　　94

4개의 역할이 잘 돌아가는 회사, 그렇지 않은 회사　　　100

'샐러리맨 같은' 것으로는 잘 안되는 이유

　　제1의 함정 : 도입기 → 품질 문제, 에너지 부족　　　107

왜 비즈니스의 성공은 가정의 위기를 불러올까?

　　제2의 함정 : 성장기 전반 → 가정 문제, 부부 문제　　　111

당신의 문제가 손자에게까지 이어진다　　　118

'받아들이기'가 새로운 길을 만든다?

　　제3의 함정 : 성장기 후반~성숙기 → 조직의 반란　　　123

제3장 | 조직이 안정적으로 성장하기 위한 방법

조직의 지속적인 성장 열쇠를 쥐고 있는 '꿩'　　　130

뇌의 메커니즘에 들어맞는 인간개조법　　　133

마무리 역할을 잘 키우려면?　　　138

'대표의 리더십'은 혼자 발휘할 수 없다?　　　144

순간이동으로 신규 사업을 재빨리 시작하다　　　149

'바보를 양산하는' 시스템이란?　　　154

매니저란 대체 누구일까?　　　159

왜 영화 〈매트릭스〉는 3부작으로 끝났을까?   165

회사와 직원을 동시에 행복하게 만드는 시스템이란?   168

제4장   비즈니스의 생애주기를 생각하다

세계의 생애주기   178

선원들이 목숨을 잃은 이유   180

트렌드를 현금화하는 타이밍   185

낡은 생애주기에서 새로운 생애주기로 갈아타려면?   191

전략과 전술은 동시에 움직인다   194

딱 말하자   198

자기의 위치를 생애주기에서 확인하자   205

비즈니스를 새로운 성장으로 가져가기 위한 타이밍   207

새로운 성장 커브를 만들자   209

제5장   당신의 생애주기를 알기

도망치는 것이 이기는 것   214

자신의 인생을 컨트롤할 수 없는 불행   217

목숨을 걸고 열심히 일하는 당신, 지금부터 준비하라   219

누구를 위해서 회사에 몇십 년을 다닐까?   220

쇠퇴 업계에 몸담은 것은 괴롭지만, 사명을 다하는 영웅도 존재한다   225

사명감으로 하는 일 VS 타산적으로 하는 일   229

당신의 12년을 예측하다   232

해야 할 일을 해야 할 타이밍에   236

대표에게 가장 어려운 시기는?   241

지금부터가 겨울   245

요즘 젊은 것들은 말이야   247

나는 어떻게 매번 베스트셀러를 낼 수 있을까?   250

일본이 필리핀처럼 된다고?   254

제6장 | 인생을 매니지먼트하는 성공법칙

앞으로 5년 동안, 즐겁게 일하고 돈을 모으려면?   260

스스로 최면을 걸어라   262

실제로 미션을 만들어보자   267

셀프 이미지로 순간적으로 자신을 변화시키다!   270

반년 후는 지금 이 순간으로 결정되어 있다   274

당신은 선두에 설 의무가 있다   276

간다 마사노리가 마지막으로 보내는 뉴스레터

70대 노련한 경영자의 지혜 활용하기   280

특별부록

개인과 회사의 성장이 연결되기 위한 목표설정·실적평가 시트   286

제1장

액셀을 계속 밟으면,
반드시 급커브가 찾아온다

• • • •

이 책의 저자 간다 마사노리가 1998년부터 주재한 '고객획득실천회'는
2003년에 명칭을 '일류기업실천회'라고 개명합니다.
'고객을 획득하는 것'은 곧 '돈을 버는 것'이라는 지향점을 가지고, 수많은 다이렉트
마케팅 기법을 실천함으로써 다수의 기업의 실적 향상을 실현시킨 간다 마사노리.
그가 '돈을 버는 것' 앞에서 목격한 것은 과연 무엇일까요?

액셀을 계속 밟기만 하는 기업에
잠재하는 3가지 위험성

밑바닥부터 기업을 일구려면 어떻게 해야 할까요? 그러기 위해서는 '고객을 획득하는 것', 그리고 '돈을 버는 것'이 중요합니다. 그런데 창업하고 4년 정도의 시간이 흘러 어느 정도 고객 수를 획득하고, 기업의 수익이 올라가기 시작하면 창업할 당시에 보이지 않던 것들이 보이기 시작합니다. 기업이 본궤도에 올라서면 성취감은 얻을 수 있습니다. 하지만 '그것만으로는 충분하지 않다!'라는 것을 문득 깨닫게 됩니다.

왜 그런 당연한 말을 지금에 와서 하냐고 반문하실지도 모르겠습니다. 하지만 부끄럽게도 직접 체험하지 않으면 실감할 수 없는 것이라 그렇습니다.

버는 것만으로는 충분하지 않다? 여기에는 3가지의 커다란 이유가 있습니다. 액셀을 밟을 적절한 타이밍이 아닌데도 계속 매출 올리기를 추구하기만 한다면 어떤 문제가 발생할까요?

1. 조직에 균열이 생긴다.
2. 눈치를 챘을 때는 이미 기업에 현금이 마르고 없다.

3. 수입은 점점 늘어난다. 하지만 경영자의 가족은 마음이 제각각으
   로 흩어진다.

　요약하자면, 단순히 돈을 벌기만 하는 것은 간단합니다. 그런데 돈을
버는 일에만 집중한다면 반동이 일어나게 되어 있습니다. 그 반동 현상
이 예외적으로 일어나는 것이면 얼마나 좋을까요. 하지만 반동이 일어
나지 않는 것이 오히려 예외적인 일입니다. 현실이 그렇습니다.
　기업이 '돈을 버는 것'에만 집중하고 추구할 때 어떤 것들이 희생되
는지 각각 순서대로 설명해보겠습니다.

위험성 1.
영업을 강화하다 보니
조직에 균열이 생기다

기업의 경영자는 기업의 매출을 늘리는 데 진심으로 노력합니다. 회사가 커지면 커질수록 자신의 가치도 동반 상승한다고 생각하기 때문이죠. 회계연도가 바뀔 때마다 기업의 수입이 늘지 않고, 오히려 수익이 줄어든다면 경영자의 마음은 불안해집니다. 즉, 매출 올리기에 중독된 상태라고 볼 수 있습니다. 그런데 매출 올리기가 항상 좋기만 할까요? 때에 따라서는 매출을 올리는 것이 기업에 부담이 되어 상황을 악화시키는 경우도 발생합니다.

예를 들어보겠습니다. 어느 날, 한 기업가의 상담을 의뢰받은 적이 있습니다. 그는 저에게 이런 고민을 털어놓았습니다.

"회사의 팸플릿을 고객획득실천회[2]의 방식으로 고쳤는데, 고객들로부터 이상하게 평판이 더 안 좋아졌습니다. 어떻게 된 일이죠?"

---

2) 고객획득실천회 : 1998년부터 간다 마사노리가 주재했습니다(본문에서도 다시 언급하겠지만 후에 '일류기업실천회'로 개명). 다이렉트 리스폰스 마케팅(Direct Response Marketing, DRM)을 실천하는 조직으로, 일본 최대 규모를 자랑하며 약 4,000여 기업, 2만 명이 넘는 경영자가 참여하고 있습니다. 이 활동에 다수의 기업가, 비즈니스 리더가 영향을 받았습니다.

과거에는 고급스러움을 표방하기 위해 이미지와 사진 위주로 구성됐던 이 회사의 팸플릿이 글자와 문장 위주의 팸플릿으로 바뀌면서 고객들로부터 불만이 쏟아지고 있다고 하소연했습니다. 고객은 예전 팸플릿에 익숙해진 상태였던 것입니다. 이 문제를 해결하기 위해 고객의 구매 의욕을 다시 높이기 위한 장치로, 이미지 사용 빈도를 다시 높이는 것은 가능한 일입니다. 하지만 저는 글자와 문장의 내용을 고치는 것 이외에 좀 더 다른 심각한 문제가 있을 것이라고 직감했습니다. 그래서 저는 상담을 의뢰한 기업가에게 질문했습니다.

　"이 팸플릿에 대한 고객의 평판이 안 좋다는 것을 어떻게 알았습니까?"
　"저희 직원이 그렇게 전하더군요."

　여기서 저는 이상하다고 느꼈습니다. '사원'이 "고객의 불만이 높아지고 있다"라고 말하고 있다? 어딘가 좀 어색하지 않습니까? 고객이 당신 회사의 DM을 보고 "예전과 달리 이미지 사용이 안 좋다"라고 일부러 전화를 걸어 불만을 이야기하는 경우는 아주 드뭅니다. 왜냐하면 대체로 기업의 팸플릿은 고객에게 '보여지고 있지 않은' 상태이기 때문입니다. 그런데도 "고객의 평판이 좋지 않다"라고 들려오는 것은 무엇을 의미하는 것일까요?
　상상할 수 있는 답은 다음과 같습니다.

　① 정말로 클레임이 늘고 있는 경우입니다. 클레임이 증가하고 있다는 것은 지금까지의 이미지 전략이 괜찮게 돌아가고 있다는 것을

뜻합니다(소규모의 회사라면 이런 상황을 생각하기 어렵습니다. 왜냐하면 이미지 전략은 고객을 획득하는 전략으로는 회사가 애초에 성장해 있는 회사가 아닌 이상, 그다지 효율이 좋지 않기 때문입니다).

② 지금까지 비슷한 클레임을 고객으로부터 계속 받았지만, 직원이 문제를 인식하지 못한 경우입니다. 그런데 이번 변경 사항에 대해서 직원이 다른 때와 다르게 민감하게 반응한 경우입니다. 고객보다 더 민감하게 말입니다.

여기서 가능성이 더 큰 경우는 ②번입니다. 직원 자신이 클레임에 민감하게 반응하는 경우입니다. 이것은 무엇을 뜻하는 것일까요? 즉, 고객의 목소리를 빌려 직원들이 경영자에게 불만을 토로하고 있다는 뜻이 됩니다(고의적이라기보다 무의식적으로 직원들이 행동합니다). 그래서 저는 한 번 더 질문했습니다.

"직원들이 혹시 늦게까지 야근하지 않나요?"
"네, 매일 밤 11시까지 일하고 있습니다."
"그래요! 그게 바로 원인이군요!"
"네???"

저는 기업가에게 직원들이 그렇게 말하는 이유를 말해줬습니다.

"직원들이 무의식적으로 비명을 지르고 있는 것입니다. '우리 너무

지쳤어요! 더 이상 새로운 것을 시작하지 말아주세요!'라고요."

이 회사는 실제로 상당한 수익률을 자랑하는 회사였습니다. 그런데 사장님이 자꾸만 새로운 것을 시도하려고 한다? 바로 '혼란 중독증'입니다. 이 단계에서는 새로운 마케팅을 시도할 것이 아니라 관리, 즉 매니지먼트를 하는 것이 최우선 과제입니다. 그렇게 하지 않으면 회사는 결코 다음 단계로 성장할 수 없습니다.

만약 경영자가 직원들의 무의식적인 비명을 못 듣고, 회사의 매출 증대를 위해 가속페달을 밟으면 어떻게 될까요?

조직이 붕괴하는 것은 시간 문제입니다.

몸과 마음이 지친 직원들의 지각이 속출하기 시작하면서 이런 상황이 더 악화되면 병으로 쓰러지는 직원들이 생겨납니다. 사장이 출장을 갔다 오기라도 하면 쿠데타가 일어나 직원의 수가 확연히 줄어들 수도 있습니다. 또 사고, 사기, 횡령과 같은 불미스러운 사건들이 일어날 수도 있습니다. 반사회적 세력이 얽혀 회사 문제가 시끄러워질 수 있는 시기가 바로 이 시기입니다.

경영자가 '사업의 스피드를 과속'하면서 브레이크를 밟지 않는다면, 예상도 하지 못한 불행한 일들이 일어납니다. 그때는 어쩔 수 없이 무리하게 브레이크를 밟는 수밖에 없습니다.

'에이, 그런가요? 저희 회사와는 관련이 없습니다' 이렇게 생각하는 경영자도 있을 것입니다. 그런데 정말 그럴까요? 그렇게 생각하는 경영자일수록 함정에 더 빠지게 됩니다. 사고 발생은 1초. 부상은 평생입니다. 속도 올리기에 중독된 경영자는 갑자기 멈추는 법을 모릅니다.

위험성 2.
매출은 급격하게 늘고 있다.
그런데 눈치챘을 때는 은행 계좌에 돈이 없다!

실천회 메소드 방식을 공부하고 적용한 결과, 회사의 매출이 점점 올라가고 급성장하고 있는데, 어느 날 갑자기 다급한 경리의 전화를 받습니다.

"월말에 필요한 현금이 부족합니다."
"그럴 리가 있나? 매출이 오르고 있잖아요? 다시 확인해보세요!"

사장의 얼굴이 새파래집니다. 실제로 회사 예금통장을 확인해보니 정말로 현금이 없습니다. 이래서는 지불해야 할 돈을 제때 지불할 수가 없습니다. 어떻게든 사장의 개인 통장 돈을 끌어와 응급조치를 취합니다.

"좋아요. 매출을 올리면 됩니다. 팔아야죠! 팔면 됩니다!"

그다음 달부터는 사장이 나서서 진두지휘하고 영업을 개시합니다.

그러면서 생각하죠. '그래, 지금까지 이 방법으로 회사의 위기를 잘 넘겨왔어. 그러니까 이번에도 잘 풀릴 거야. 괜찮을 거야' 이렇게 마음을 달랩니다. 하지만 그 결과는 어떨까요? 사장은 경리에게 다시 물어봅니다.

"이번 달 결산은 어떻게 됐죠?"
"매출은 올랐습니다, 사장님. 그런데 말이죠….'"
"그런데? 뭐가 문제죠?"
"적자가 배 이상 나고 있어요!"

그렇습니다. 이런 경우는 흔히 있습니다. 회사의 경영관리가 엉성하니 물건이나 서비스를 팔수록 경비가 늘어나 적자가 쌓이는 구조가 되어버린 경우입니다. 특히 영업 센스가 좋은 사장일수록 이런 함정에 빠지기 쉽습니다. 영업 센스가 좋아서 사업 초창기에는 훌륭한 실적을 쌓아 올립니다. 그런데 조직이 커질수록 그 이상으로 관리의 영역이 중요해집니다. 하지만 영업 센스가 좋은 사장일수록 관리를 제일 싫어합니다. 물과 기름, 코브라와 몽구스 같은 관계라고나 할까요. 그래서 회사에는 관리직 사원이 없습니다.

또 영업 센스가 좋은 사장은 돈을 버는 실력은 우수하지만, 돈을 쓰는 일에는 서툽니다. 돈을 어떻게 운용해야 할지 잘 모르는 것입니다. **돈을 버는 것에만 바빠서 운용할 틈이 없습니다. 그 결과, 벌어들인 돈은 은행의 보통예금 계좌에 그대로 놓여 있습니다.** 언제 은행이 파산할지도 모르는 불안한 상황에서도 고스란히 보통예금으로 있는 경우도 있습니다.

게다가 세금 문제에도 젬병입니다. 세금에 대해 전혀 아는 게 없다 보니 창업 1년 차부터 매출이 다수 발생해도 모두 세금으로 내기 바쁩니다. 결국 손에는 아무것도 남지 않는 웃지 못할 상황이 연출되는 것이죠. 그런 어이없는 상황이 생각보다 많이 펼쳐지고 있습니다. 영업은 잘하고 좋아하지만, 막상 돈에 어두운 경영자. 현실에서 자주 있는 기업가의 모습입니다.

위험성 3.
수입은 점점 늘어난다.
하지만 경영자의 가족 마음은 뿔뿔이!

자신만은 다를 것이라고 굳게 믿고 있는지도 모르겠습니다. 하지만 수천 개의 기업 경영자들과 이야기를 나누다 보면, 그들 인생에 놀라울 정도로 동일한 패턴이 존재한다는 사실을 알게 됩니다. 일단 전형적인 패턴으로, 회사의 매출이 오르기 시작하면 경영자의 부부관계에 균열이 생깁니다. 지금까지 잉꼬부부였던 부부관계가 회사가 성공하면 할수록 삐걱거리기 시작합니다.

남편은 사업이 잘 풀리고 있으니 아내도 반길 것이라고 기대합니다. 하지만 그런 일은 TV 드라마에서나 있을 법한 이야기입니다. 사업이 잘 되기 시작하면 아내는 반대로 비판적, 부정적으로 반응하는 경우가 많습니다. 아내도 남편이 사업을 열심히 일구기 위해 노력하고 있다는 것을 잘 알고 있습니다. 하지만 마음속에서는 '나만 희생하고 있구나'라는 부정적인 감정을 억누를 수 없게 됩니다.

왜 그럴까요? 여러분이 실천회에 열중하면 열중할수록, 그리고 좋은 결과를 내면 낼수록 아내는 부정적인 태도를 표출하지 않나요? 두근! 정답을 맞힌 느낌이 드실 것입니다. 부부관계의 악화는 우리가 눈치채지 못하는 사이에 일어나기 시작합니다. 그리고 반드시 자녀들에게도 큰 영향을 미치게 됩니다.

실제 사례를 들어보겠습니다.

- 부인이 불만을 품고 있는 상태로, 남편은 그 불만에 마비된 채로 부부관계가 서먹서먹한 일상을 살고 있다.
- 남성 경영자의 경우는 애인 문제, 여성 경영자의 경우는 이혼 문제가 발생한다.
- 자녀와의 대화가 줄어든다. 자녀가 폭력을 행사하거나 비행을 저지른다.
- 자녀가 비행을 저지르지 않는 경우, 역으로 히키코모리(은둔형 외톨이) 등으로 칩거한다.
- 지금까지 얌전했던 자녀가 사춘기에 돌입하면서 갑자기 문제아로 돌변한다.
- 창업주가 고집불통이어서 자기 고집대로, 그 누구의 의견도 듣지 않는다.
- 2대째 경영자가 의존적이어서 시간이 지나도 독립하지 못한다.

성공을 목표로 하는 여러분에게 찬물을 끼얹고 싶지는 않지만, 이런 문제는 비일비재하게 발생합니다. 왜 이런 현상이 발생하는지는 심리학적인 측면에서 많은 부분 설명할 수 있습니다. 문제는 이런 사실이 존재하지만, 화제가 되는 경우는 거의 없다는 것입니다. 누구나 성공을 동경하지만, 그것은 성공의 앞부분, 한 단면일 뿐입니다.

얼마 전에 일본을 대표하는 초우량기업의 경영자 인터뷰가 주요 경제지에 실렸습니다. 그 지면에 실렸던 인터뷰 내용을 소개해드릴까 합니다. 그는 인터뷰에서 "경영자는 현 상황에 만족하지 말고 앞으로 계속 전진해야 한다"라고 말하면서 마지막으로 가족에 대해서 이렇게 말했습니다.

"솔직히 집안일은 전부 아내한테 맡기고 살아왔습니다. 아내와는 몇 년이 지나고 둘이서 오붓하게 산책할 수 있다면 그게 바로 행복한 인생이라고 생각합니다."

세상에, 이게 미담이라고 여겨지고 있다니요! 이 에피소드 하나만 들어도 그 경영자의 부부관계를 짐작하고도 남습니다. 경영자인 남편만이 자기는 좋은 남편이라고 여기고 있습니다. 그의 아내는 자신의 감정을 눌러 죽이고 살아온 것이 분명합니다. 황혼이혼을 불러일으키는 전형적인 패턴이라고 할 수 있습니다. 어느 경우에는 이미 냉랭해진 관계를 쇼윈도 부부처럼 체면치레하며 지속할 수밖에 없는 안타까운 경우도 있긴 합니다.

고객 획득을 통해
일류 기업으로

경영과 가정. 양립하기 어려운 단어입니다. 일반적인 경영 컨설턴트에게 가정의 영역까지 요구할 수는 없습니다. 기업의 수익을 좋게 하는 방법만 잘 제시해도 그것으로 그의 역할은 충분하고 감사한 일이니까요. 하지만 저는 이 문제를 간과할 수는 없었습니다. 왜냐하면 나 자신뿐만 아니라 많은 경영자가 아까와 같은 문제로 고민하는 현실을 너무도 잘 알고 있기 때문입니다. 그래서 여러분이 듣고 싶어 하지 않아도 말할 수밖에 없습니다. 눈앞에 낭떠러지가 있다고 가정해봅시다. 그런 사실을 알고서도 여러분은 친구에게 아무런 귀띔도 하지 않을 수 있습니까?

저는 고객획득실천회를 '돈을 버는 것'에 목적을 두고 운영해왔습니다. 그 노력의 결과로 고객 획득에만 특화된 정보를 계속 쏟아낼 수 있었습니다. 그런데 5년 정도 시간이 지나자 깨닫게 된 것이 있었습니다. 고객 획득에 치중한 정보만으로는 균형이 잡히지 않는다는 사실을요. 그것만으로는 기업이 '일류'가 되지 않는다는 것을 알게 된 것입니다. 균형이 깨진 성공으로는 결코 경영자가 행복해질 수 없습니다.

돈을 번다고 해서 성공했지만 외로운 경영자가 될 이유는 없습니다. 저는 고객 획득을 위한 정보를 아는 것뿐만 아니라 관리, 조직, 재무, 그리고 가정의 균형 등 행복한 경영자가 되는 데 필요한 정보를 공유하고 싶다는 생각이 들었습니다.

이 시점에서 6년째 진행하고 있는 뉴스레터의 명칭을 이번 달부터 '일류기업실천 뉴스레터'로 변경하고자 합니다. 그리고 다음 달부터는 '고객획득실천회'라는 명칭도 '일류기업실천회'로 바꾸겠습니다. 물론 고객 획득에 대한 정보는 중요하기 때문에 지금까지의 방식으로 지속할 것입니다. 거기에 더해 앞으로는 경영자에게 더 필요한 플러스 알파 정보를 강화해 나가려고 합니다. 구체적으로는 행복한 경영자가 되기 위한 매니지먼트 방법을 서서히 알려드리고자 합니다.

"행복한 경영자가 되기 위한 매니지먼트 방법? 그게 저에게 어떤 이득이 있습니까? 저는 지금 1인 사업장을 운영하고 있어서 매니지먼트와 같은 관리 지식은 필요 없습니다."

"마케팅은 매출 증대에 당장 도움이 되니까 흥미롭습니다. 하지만 매니지먼트라뇨. 대체 어떤 역할을 할 수 있나요?"

이렇게 말하는 사람도 있을 것입니다. 확실히 서점에 넘쳐나는 매니지먼트 책, 경영관리에 관한 책을 읽어봐도 중소기업에 도움이 될 만한 내용은 거의 없습니다. 하지만 지금부터 제가 말씀드릴 매니지먼트 방법은 공부해두면 나중에 꼭 필요할 때가 옵니다. 그만큼 획기적인 내용으로, 회사의 규모가 작은 시작 단계부터 습득해두어야 할 필수과목입니다. 왜냐하면 매니지먼트는 어린아이를 키우는 **육아법과 흡사하기** 때문입니다.

"에이, 우리 애는 아직 어려서요. 사춘기가 되어 집 안에서 야구방망이를 휘두를 때가 되면 그때 아버지 노릇을 하면 됩니다."

여러분은 이런 말을 하는 아버지는 아니시겠죠? 만약 그렇다면 너무 늦는 것입니다. 자녀를 올바르게 지도하는 훈육은 언제부터 해야 할까요? 바로 태어난 순간부터입니다.

기업의 매니지먼트도 마찬가지입니다. 회사도 창업할 때부터, 조직의 규모가 작았을 때부터 경영자는 매니지먼트 지식을 갖추고 있어야 합니다. 하지만 대부분 기업은 자녀가 사춘기가 될 때까지 기다리고 있는 것과 같습니다. 직원이 쿠데타를 일으키기 전까지 말이죠.

그럼 대체 제가 개발한 매니지먼트 방법을 배우면 어떻게 되는 것일까요? 단도직입적으로 말씀드리면, **여러 복수의 회사, 또는 프로젝트를 동시에 운영할 수 있게 됩니다.** 그 결과, 여러분은 회사에 출근하는 횟수가 줄어듭니다. 더 원하신다면 업무에서 일찍 벗어나 **은퇴를 하는 것도 가능해집니다.**

"뭐야, 그런 것이라면 우리 회사는 이미 믿을 만한 오른팔이 있습니다. 금방 실현할 수 있는 항목들입니다."

네. 그렇습니다. 지금까지 열심히 직원을 키워온 사장님도 계실 것입니다. 꼼꼼하게 직원들에게 지시하고, 회식으로 술자리를 도모하는 등 많은 시간을 할애해왔을 것입니다. 이런 것들은 다 훌륭합니다.

저는 그 경영 수완을 더 잘되게 하는 방법이 있다는 것을 말하고 싶습니다. 그러면 당신의 오른팔이 독립해도, 다른 회사에 스카웃이 되어도, 사고를 당해도 괜찮습니다. 다시 처음부터 직원을 키울 필요가 사라지는 것이죠.

지금부터 말씀드릴 매니지먼트법은 이제까지의 경영학에서 다루고 있는 매니지먼트론과는 차원이 다른 방법입니다. 사람이 앞으로 어떻게 행동할 것인지 그 움직임을 예측할 수 있고, 문제가 생긴다면 언제 생기는지 그 타이밍을 예측할 수 있습니다. 즉, 사전에 문제를 알게 됨으로써 사람을 키우는 시스템이 회사 안에 자리 잡게 됩니다.

또한, 그 매니지먼트 철학이 경영자의 가정뿐만 아니라 직원의 가정에도 지대한 영향력을 행사하게 됩니다. 경영자가 자신의 매니지먼트 방법을 바꿈으로써 사회 전체가 변화할 수 있는 구조를 공유해 나갑니다. 경영자, 직원, 그리고 더 나아가 모든 가정이 행복해지는 구조 만들기가 회사를 성장시킴과 동시에 실현 가능해지는 것입니다. 그것을 실현하기 위해서는 경영자의 철학이 무엇보다 중요합니다. 어떠신가요? 조금 어렵게 들리시나요?

"부자가 될 것을 먼저 생각하고, 그다음에 마음의 문제를 생각하면 된다고 《비상식적인 성공법칙》(포레스트 출판)에 쓰여 있지 않았나요? 말씀하신 것과 다릅니다!"

이런 소리가 들려오는 것 같습니다. 확실히 예전에 말씀드린 내용과 다르긴 합니다. 인정합니다. 저의 경우, 《비상식적인 성공법칙》에 쓰인 내용처럼 짧은 시간 안에 성공에 이르는 것이 가능했지만, 동시에 아팠던 경험도 있습니다. 지금에 와서야 그 고통을 조금이라도 가볍게 할 수 있는 방법을 알게 된 것이죠. 앞으로 비상식적인 성공을 위해 달려 나갈 여러분을 위해 그 방법을 미리 전해 두고 싶습니다. 어떠신가요?

최단 시간에 가정과 회사에서
행복한 경영자가 되려면?

잠깐 이쯤에서 '고객획득실천회'에서 지금까지 달려온 행보를 도표로 정리해볼까요(40페이지 도표 참고)? 상단 도표의 세로축은 '단기'와 '장기'의 시간을 나타냅니다. 가로축은 '효과'와 '행복'을 설정했습니다.

원래 처음부터 고객획득실천회는 단기에 효과적인 것들, 즉 '짧은 시간에 매출을 올리는 것'에 주력해왔습니다. 광고지, DM의 표현기법이나 영업을 잘하는 등의 전술적인 부분으로 회사는 단기적으로 수입의 증가를 도모할 수 있습니다.

하지만 그러한 전술이 능숙해져도 '상행 에스컬레이터'를 타지 않으면, 장기적으로는 하락하게 됩니다. 그래서 상행 에스컬레이터를 타기 위한 압도적인 전략 구축법을 아웃풋합니다. 그게 바로 '60분간·기업 일류화 프로젝트'입니다. 그 프로젝트를 수행한 결과, 도표에서 보이는 ②의 부분, 즉 장기적인 효과를 거둘 수 있는 곳까지 실현하게 됐습니다.

그렇다고 해도 아직 우리가 알지 못하는 미지의 부분은 남아 있었습니다. 장기적인 행복을 실현하는 것이 남아 있었던 것입니다. 앞으로는 표의 ③부분을 메꿔나가야 합니다.

하단 도표는 《비상식적인 성공법칙》에서 소개하고 있는 '일단은 돈을 버는 것에 집중하고 그 뒤에 마음을 향상시키는 것이 성공으로 향하는 지름길'을 말하고 있습니다. 하지만 그렇다고 너무 돈벌이에만 집중하지 말고, 그 배경에 마음에 관한 지식도 갖췄으면 하는 바람이 있습니다. 마음에 대해 아무것도 모르면 부를 거머쥐면 거머쥘수록 시궁창에 떨어질 확률이 높아지기 때문입니다.

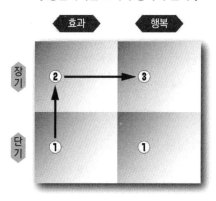

| 장단기적인 효과와 행복의 관계 |

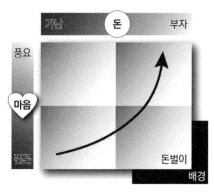

| 돈벌이 배경과 마음의 문제 |

너무 돈벌이를 향해 치닫다 보면 장애가 발생합니다. '빛을 비추면 그림자가 짙어진다'라는 말이 있죠. 돈벌이에만 너무 열중하면 그 그림자 부분이 뿜어져 나오게 됩니다. 그 그림자는 불의와 사고나 횡령, 배신 등을 말하는데, 그러한 불행이 터져 나오기 전에 미리 대처하는 방법을 알아두지 않으면 안 됩니다. 그저 단순하게 '돈을 버는 것에만 전력 질주하라' 이런 방법으로 가는 것은 조금 불안하죠. 어디에 급커브가 있고, 어디에 함정이 있는지를 알고 돈을 버는 것에 집중해야 합니다.

그게 옳고 그르냐는 찬반양론은 각오하고 있습니다. 역시나 이익만 실현할 정보를 원하는 사람이 대다수일 것입니다.

'왜 그런 귀찮은 짓을 해야 합니까? 그냥 돈을 버는 것에 집중하면 되지 않나요? 직원이나 가정은 알아서 해결될 문제이지 않습니까?'

이렇게 생각하는 사람도 있을 것입니다. 그런 분들과는 앞으로의 방향성을 달리 보기 때문에 우리 회원들과 적잖은 마찰도 있을 수 있습니다. 저로서도 "팔리는 방법은 이렇다!", "이렇게 해야 부자가 될 수 있습니다!" 뭐 이런 정보를 계속 드리는 것이 대다수 회원이 원하는 정보이기 때문에 평판도 덩달아 좋아질 수 있습니다. 하지만 알기 어렵고, 추상적이라는 비판을 받더라도 제가 경험한 중요하다고 생각되는 정보들을 확실하게 알려드리고 싶습니다.

저는 늘 이렇게 생각하고 있습니다. 예전부터 반복해서 말씀드리고 있는데 "고객획득실천회는 간다 마사노리만의 실천회는 아닙니다"라고요. 어디까지나 경영자의 학습 플랫폼으로 이용되기를 바랄 뿐입니다. 회원 한 사람, 한 사람이 그들이 몸담고 있는 각각의 업계에서 본보기가 되어 날아오르기를 바라고 있습니다. 그러한 경영자를 위한 학습의 장을 제공하는 것이 앞으로 저의 사명이 아닐까 생각합니다.

구조가 완벽하다고 해서
비즈니스가 성공한다는 보장은 없다

참고가 될 만한 이야기를 좀 할까 합니다. 얼마 전, 세미나에 참석한 적이 있었습니다. 오래전부터 알고 지낸 회원을 오랜만에 만났습니다. 누구라고는 밝힐 수는 없지만, 꽤 실력이 있는 분이었습니다. 그는 수년 전에 신규 사업을 진행해 업계 판도를 뒤바꿀 정도의 비즈니스를 단 몇 달 만에 일궈냈습니다. 회사가 잘되어 주식 상장을 준비하고 있다는 풍문도 들었던 터라 그 후의 진행 상황이 궁금해서 질문했습니다.

"요즘 어떻게 지내세요?"

그의 대답을 들었을 때 저는 제 귀를 의심했습니다.

"회사가 너무 잘되어서 눈에 띄다 보니 (규제산업의 이유로) 업계 단체로부터 두들겨 맞아 매출이 10분의 1로 떨어지고 말았습니다."

충격이었습니다. 저는 그 순간, 경영 컨설턴트로서 제가 할 수 있는 역할이 무엇인지 머리를 싸맬 수밖에 없었습니다. 왜냐하면 그분은 저의 재능, 그리고 실천회가 제시한 방법을 그 누구보다 잘 사용한 우등회원이었기 때문입니다. 여기에 자세히 밝힐 수는 없을 정도로 제법 성공한 스토리의 주인공이었습니다.

회사의 구조는 완벽하고, 이미 업계 판도가 뒤바뀌었으며, 고객이 밀려들었는데도 불구하고 갑자기 브레이크가 걸린다면? 지금까지 쨍쨍하게 햇빛이 쏟아지던 푸른 하늘에 날벼락이 떨어지는 것 같다면, 여러분이라면 어떻게 그 상황을 이해하시겠습니까?

저는 생각했습니다. **비즈니스의 성패는 구조가 50%, 운**(흐름을 타는 것)**이 50%**라는 것을요. 아무리 회사의 구조를 잘 만들어놓아도 예측할 수 없는 일이 불쑥 튀어나와서 언제든 급제동이 걸릴 수 있기 때문입니다. 물론 경영 컨설턴트로서 "사장님의 기업은 규제산업이니까 표준규격에 부합할 때까지는 눈에 띄지 않게 돈을 버는 것이 좋아요"라고 조언할 수도 있습니다. 하지만 그런 조언은 그분의 입장에서는 그다지 도움이 되지 않는 조언일 뿐입니다. "앞으로 자동차 사고가 일어날 수 있으니 아예 운전하지 않는 것이 좋습니다"라고 조언하는 것과 똑같다고 볼 수 있죠.

미리 말씀드리지만, 급제동은 결과적으로 일을 점검할 수 있는 장치가 됩니다. 매출이 10분의 1로 떨어진 그 경영자는 지금 더 큰 것을 만들어 나가기 위해 약간의 문제를 경험하고 있는 것입니다. 문제를 해결해나가는 순간, **훌륭한 결과가 기다리고** 있음에는 틀림이 없습니다. 그가 잘해나갈 것이라고 저는 확신했습니다. 하지만 자칫 엉뚱한 조언이 될 수도 있다는 우려 때문에 다시 그에게 질문했습니다.

"《왜 봄은 오지 않는가?》[3]라는 저의 책은 읽어보셨습니까?"

"네. 회사 창업하고 겨울을 두 번째 맞이했을 때 읽어봤습니다. 그러니까 시행착오를 겪을 때였죠."

"아하! 그럼 회사를 창업한 시기가 가을이었군요?"

"네. 그렇습니다."

사실 회사를 인생의 가을에 창업하는 것은 조심해야 합니다. 가을에는 자기 결단이 쉽게 뒤바뀌기 쉽습니다. 차라리 남의 일을 의뢰받아 처리하는 것이 낫습니다. 자기로부터 시작하는 일은 하지 않는 것이 좋죠. 자기 판단으로 회사를 만드는 것이 정석이기는 합니다. 그런데 회사를 만들고 싶다면 자기 인생의 여름 무렵에 해두는 것이 좋습니다.

물론 이 이야기를 너무 결정적으로만 받아들이지는 말았으면 합니다. 중요한 것은 장애물을 피하는 것이 아닙니다. 장애물이 생기기 전에 그것을 플러스로 전환하려는 노력이 중요합니다. 장애물이 크면 클수록 그 뒤에 따라오는 성장은 큽니다. 성장을 할 수 없는 그릇을 가진 사람에게는 커다란 장애물이 찾아오지도 않습니다. 장애물을 뛰어넘고 또 뛰어넘은 '야자와 에이키치(矢沢永吉)[4]'가 엄청난 거물이 된 사례를 봐도 알 수 있습니다. 눈앞에 장애물이 닥쳤다고 피하지는 마십시오. 나를 성장시키기 위한 장치라고 겸허히 받아들이는 것이 중요합니다.

---

3) 《왜 봄은 오지 않는가?》 : 2003년, 실업지 일본사에서 발행된 간다 마사노리의 책으로, 천문학자인 라이몽(來夢) 선생이 감수했습니다. 인생의 흐름을 계절에 빗대어 예측하는 '봄여름가을겨울 이론'을 말하고 있습니다. '봄여름가을겨울 이론'은 이 책의 4장에서도 자세히 언급했습니다.

4) 야자와 에이키치(矢沢永吉) : 저자 간다 마사노리는 2001년 발행한 야자와 에이키치의 《Are You Happy?》에서 지대한 영향을 받았습니다.

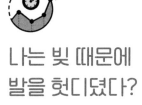

나는 빚 때문에
발을 헛디뎠다?

운의 흐름을 타기 위한 지식, 그러니까 '봄여름가을겨울 이론'과 같은 지식을 아무리 알고 있다고 해도 어쩔 수 없이 자기 실력을 검증받아야 할 때가 옵니다. 규제산업의 대표가 인생의 가을에 회사를 만들어버렸 듯이 흐름에 역행하는 결정은 누구나 내릴 수 있습니다. 고백하건대 저도 봄여름가을겨울 이론을 알고 있으면서도 흐름을 거스른 적이 있습니다. 아무리 피하려고 해도 장애물은 피하기가 어렵습니다.

《왜 봄은 오지 않는가?》에서 저는 예측할 수 없는 사고가 충분히 일어날 수 있다고 가정하고 있습니다. 지금의 저는 인생에서 가을의 첫 번째 해입니다. 그렇다면 예측할 수 없는 장애물을 만난 적이 있을까요? 네. 그렇습니다. 지금에 와서 솔직히 이야기하자면 엄청난 장애물을 겪은 적이 있습니다. 잠자코 조용히 있으려 해도 이 에피소드는 경영자로서 근본적인 배움을 여러분에게 전달할 수 있는 적절한 사례가 될 것으로 생각합니다. 그러니까 부끄러움을 무릅쓰고 고백할까 합니다.

저에게 닥쳤던 장애물은 무엇이었을까요? 미리 말해두지만, 결코 이성 문제는 아니었습니다. 업무상 트러블도 아닙니다. 놀랍게도 돈을 빌려준 문제였습니다. 그 장애물이 닥치기 전까지 전조현상도 없었습니다. 어느 날 전화 한 통이 왔습니다. 기업 대표인 오랜 지인이었습니다.

"아, 오랜만입니다!"

그렇게 해서 대화의 물꼬를 텄습니다. 그런데 지인의 목소리는 사뭇 어두웠습니다. 은행에서 잘 해결이 안 됐는지 자금 사정이 어렵다고 했습니다. 몇 분 더 이야기를 이어가다가 그는 결심한 듯 제게 말했습니다.

"돈 좀 빌려주실 수 있을까요?"
"얼마 정도 필요합니까?"
"○천만 엔입니다."

저는 크게 놀랐습니다. 적은 액수가 아니었던 것이죠. 그 돈은 페라리 두 대는 거뜬히 지불할 수 있는 상당한 금액이었습니다.

"그럼 언제까지 필요한데요?"
"이번 달 말까지입니다."
"이달 말이요? 이달 말이라면 5일밖에 남지 않았는데요?"

앞으로 5일밖에 남지 않은 시간 동안 페라리 두 대값을 결정해야 했습니다. 예전에 중고로 페라리를 구매해볼까 생각한 적도 있었지만, 2년이라는 장고의 시간을 거쳐 결국 미니 쿠페를 샀던 저였습니다. 미니

카에 해당하는 페라리를 샀다고 위안하면서 참고 있던 중이었죠. 2년이라는 시간 동안 끙끙 고민하면서 페라리를 포기한 남자한테 5일이라는 짧은 시간 안에 페라리 두 대값에 해당하는 돈을 마련해달라는 요청이었습니다.

그 순간 저는 어떤 생각을 했을까요. 일단 씁쓸했습니다. 왜 그런 장면 있지 않습니까? 거미줄에 걸린 곤충처럼, 언젠가 먹힐 것을 알고도 옴짝달싹 못 하는 장면 말입니다.

저는 평정심을 되찾으며 대답했습니다.

"그냥 빌려주는 것은 서로에게 좋지 않습니다. 어쨌든 회사의 결산서 3년 치를 좀 보여줄 수 있나요?"

그러면서 속으로 저는 생각했습니다.
'아마도 빌려주는 형국이 되지 않을까…?'

"간다 씨라면 돈이 여유가 있으니 괜찮지 않나요?"라고 물으실 수도 있습니다. 그렇게 여유 있는 형편이 아니라고 생각은 했지만, 저에게 어느 정도 현금이 있을 것이라고 짐작했습니다. 저는 곧바로 고문 회계사에게 전화를 걸었습니다.

"현금 있죠?"

이상하게 나쁜 일은 가중되는 법입니다.

"무슨 소리예요! 이번 달은 법인세랑 원천세를 납부해야 하는 달입니다. 그것 말고도 미국과의 라이센스 계약료랑 홈페이지 1년분 제작비가 나가야 해요. 나갈 돈이 많습니다. 여유가 하나도 없다고요!"

저는 생각했습니다.
'할 수 없군. 최악의 경우, 내 개인 돈으로 빌려주는 수밖에 없겠어. 어쨌든 결산서를 보고 결정을 내리자.'

지인이 보내온 결산서를 동료 컨설턴트이면서 자금 조달, 빚 컨설턴트로 유명한 고사카이 케이에츠로(小堺桂悦郎) 선생님에게 보여드리며 자문을 구했습니다. 그런데 나쁜 일이 더 얹어졌습니다. 선생님은 이렇게 말했습니다.

"저력은 있는 회사지만 지금은 상황이 안 좋습니다. **돈을 빌려준다고 해도 돌려받기는 것입니다.**"

보통의 경우, 여기서 멈출 것입니다. 그런데 저는 지인이 무너지는 것을 보고 싶지 않았습니다. 그래서 《왜 봄은 오지 않는가?》의 감수를 맡아줬던 천문학자 라이몽 선생님에게 상담을 요청했습니다. 그 후에 결단을 내리기로 하고 말이죠. 그런데 이상한 일이었습니다. 아무리 전화를 여러 번 해도 전화 연결이 되지 않는 것입니다. 메일을 보내도 답장이 없었습니다.

'이상하다? 보통 때는 다 연락이 되던 분이 왜 연락이 없지?'

그다음 날 연락을 해도 상황은 같았습니다. 마치 누군가 저와 라이몽 선생의 연결을 방해하는 듯한 인상을 받았죠. 도대체 이 중요한 시기에 무슨 일이 일어나고 있는 것인가 싶어 갸우뚱했습니다.

저는 일련의 사건들의 의미를 가만히 들여다봤습니다. 이 결정은 저 스스로 내리라는 결정의 신호였습니다. 이처럼 우주는 가끔 재미있는 게임을 던져주곤 합니다. 저는 아차 싶어서 3일간 계속 고민했습니다. 아내에게도 전화했습니다.

"여보! 왜 그런 큰돈을 남에게 빌려주려고 하는 거예요! 사람을 너무 좋아해서 탈이라니까요!" 다른 집 아내들이라면 이렇게 불평을 쏟아내도 이상하지 않습니다. 하지만 제 아내는 그런 사람이 아니었습니다. 그녀는 돈에 대한 집착이 별로 없는 사람입니다. '이 사람은 결국 빌려줄 생각이겠지'라고 생각하고 있었을 것입니다. 역시나 아내는 담담히 받아들이더군요. 정말 성품 좋은 아내와 살고 있다고 생각했습니다. 저는 아내의 반응을 보고 결단을 내리기로 했습니다.

역경을 플러스로 바꾸는
배움의 법칙

그다음 날은 마케팅 전문가인 고사카 유지(小阪裕司) 선생님과 후쿠오카 출장이 예정되어 있었습니다. 하네다 공항에서 서로 만나기로 약속했죠. 고사카 선생님과 만나자마자 저는 전화 한 통을 급히 해야 한다는 뜻을 전하고 양해를 구했습니다. 당장 내일까지 돈을 빌려주지 않으면, 지인은 곤란한 상황에 처할 게 분명했기 때문입니다. 휴대전화로 지인에게 연락을 취했습니다. 그리고 승부수를 던졌습니다.

"곤란한 돈은 제가 내일까지 전액 입금해서 빌려드리겠습니다. 대신 조건이 하나 있습니다. 그 조건은 고사카이 선생님에게 지도를 받으시는 것입니다. 어때요? 조건 괜찮으십니까?"

"이자는 얼마를 드리면 될까요?"

"이자는 괜찮습니다. 안 주셔도 괜찮아요."

그는 내 거래조건을 승낙했습니다. 협상이 성사된 것입니다. 저는 곧바로 경리에게 연락을 취했습니다.

"내일까지 ○천만 엔을 보내주세요. 현금이 회사 계좌에 없다면 제 계좌에서 인출해서라도 부탁드립니다."

전화기 너머로 경리 담당자의 눈알이 튀어나오는 것을 충분히 느낄 수 있었습니다. 하지만 그는 제 심정을 잘 간파하고 있었을 것입니다. 경리는 "알겠습니다"라고 짧게 말하고는 일사천리로 해결해줬습니다. 우리 회사의 직원은 특별한 말을 더 보태지 않아도 저와 서로 마음이 통하고 있었던 것입니다.

예정대로 후쿠오카 공항에 도착해서 택시로 환승했습니다.

"저 혼자 결정을 내린 사안이라서요. 라이몽 선생님께는 연락이라도 따로 해서 설명을 드려야 할 것 같습니다. 전화 좀 드려볼게요."

그렇게 일행인 고사카 선생님께 양해를 구하고 다시 전화를 돌렸습니다. 이번에도 통화 연결음이 이어집니다. 뚜, 뚜, 두 번 정도 연결음이 이어질 때쯤 전화기 너머로 밝은 목소리가 튀어나왔습니다.

"야호!"

드디어 라이몽 선생님과 연결된 것입니다. 고사카 선생님과 저는 동시에 크게 웃음을 터뜨렸습니다. 역시 세상에 그냥 벌어지는 일은 없는 것이었습니다. 단 몇 분의 무의미한 시간도 없는 것이었죠. 스스로 선택한 순간, 다음의 상황이 드라마틱하게 벌어집니다.

라이몽 : "제가 계속 전화가 연결되지 않는 장소에 있었나 봅니다. 지금 막 간다 씨가 보낸 메일을 보던 참이었어요."

나   : "안 그래도 그 메일에 대해서 말씀드리려 했습니다. 결국 돈을 지인에게 빌려주기로 했습니다. 지금 막 그 결정을 내리던 참이었습니다."

라이몽 : "아, 그러셨군요. 근데요, 인생의 가을에 돈을 빌려주는 행위는 절대로 안 된다는 것을 잊지 말아야 합니다. 빌려준 돈은 돌려받기가 어려워요. 빌린 쪽은 갚을 수 없을지도 모릅니다."

라이몽 선생님이 전해준 말씀이 제 귓전에 맴돌았습니다.

"빌려준 돈은 돌려받기가 어려워요, 어려워요…."

어느 정도 각오는 하고 있었지만 충격이었습니다. 빌려주기로 결심한 순간, 그 돈이 돌려받지 못하는 돈이 될 수도 있다는 말을 들은 것입니다. 수천만 엔! 정말 그 돈이 돌아오지 않을 수도 있다니요???

나   : "정말 안 돌아올까요?"

라이몽 : "글쎄요. 흐름을 바꿀 수 있는 유일한 방법은 그 돈이 돌아오기를 기대하는 마음을 내려놓는 것입니다. 공부라고 생각하고 배움 하나를 얻었다고 여기면 되겠죠."

나   : "확실히 그 모든 일이 배움이로군요. 하지만 페라리 두 대값

입니다. 어떻게 할 수는 없는 것인가요?"

라이몽 : "크게 돌아가는 그에 상응하는 수업료가 따르기 마련이죠."

나   : "하아…, 그런데 그 수업료…, 너무 비싼 것 아닙니까? 할인
         은 없는 것인가요?"(눈물)

자, 이 이야기는 앞으로 어떻게 전개될까요? 페라리 두 대에 해당하
는 돈은 과연 저의 곁으로 다시 돌아올까요? 아니면 구덩이에 버려지는
것일까요? 저 간다 마사노리는 엇갈린 파도의 흐름을 거슬러 돌아와 다
시 잔잔한 파도타기가 가능해지는 것일까요? 도대체 이 장애물의 끝에
는 어떤 대단한 결과가 숨겨져 있는 것일까요? 그냥 제가 너무나 환상
적인 결과만을 꿈꿨을 뿐일지도 모른다고 생각했습니다.

이번 에피소드는 저에게 일어난 단순한 비극이 아닙니다. 저는 이번
사건을 계기로 대부분 경영자가 잠재적으로 품고 있는 근원적인 문제
를 알게 됐습니다. 이 문제를 해결한다면 여러분의 기업은 연간 매출
10억 엔을 뛰어넘어 크게 다음 스테이지로 도약하는 발판을 마련할 수
있습니다.

답이 보이지 않는
퀴즈

인생은 예측하지 못한 사건의 연속입니다. 지금까지는 성공만 하면 하루하루가 평온하고 차분한 나날이 계속될 것으로 생각했습니다. 금전이 넉넉해지면 맛있는 술을 마시고, 이성의 인기를 한 몸에 받으며 별 고민 없는 삶을 지속할 수 있다고 믿었습니다. 별다른 의심 없이 말입니다.

하지만 현실은 달랐습니다. 아무리 금전의 여유가 넘쳐도 문제가 사라지는 것은 아니었습니다. 오히려 생각지도 못한 다양한 문제들이 아주 빠른 속도로 밀려들기 시작합니다. 인생의 산적한 문제가 사라지는 것은 무덤 속일 뿐입니다. 특히 인생의 가을 시기에는 예상하지 못한 일들이 불쑥불쑥 튀어나옵니다. 저에게 있어서 이번 문제는 완전히 뒤통수를 맞는 격이었습니다.

"가을철에 빌려준 돈은 되돌려받기 어렵습니다. 수업료라고 생각하고 거기에서 배움을 찾으세요. 그게 유일하게 돈을 되돌려받는 방법입니다."

정말 큰 퀴즈가 제 앞에 툭 던져진 기분이었습니다. 대체 어떤 배움을 얻어야 돈을 되돌려 받는 것과 같은 상황이 될까요? 당첨금은 페라리 두 대입니다. 그런데 그 상금은 그냥 없던 돈을 받는 개념이 아닙니다. 이미 빼앗긴 돈이 되돌아오는 것에 불과한 것이죠. 게다가 당첨됐다고 해서 돌아온다는 보장도 없습니다.

이 일은 꼭 저에게만 해당하는 일이 아닙니다. 다른 사람이 겪은 일이라고 치부하지 말고, 여러분도 언제든 겪을 수 있는 상황일 수 있습니다. 그제야 "아, 간다 씨가 했던 조언을 좀 더 진지하게 새겨들을걸!" 하며 후회할 수 있습니다. 그렇지 않다면 제가 이 귀중한 지면을 할애하면서 저의 치부를 굳이 밝힐 필요가 없겠죠.

인생의 가을철에 일어날 수 있는 예측하지 못한 사건이 돈을 빌려준 것이라는 단순한 금전 문제로 끝난 것은 어찌 보면 저에게 행운이었습니다. 괜히 겁을 주려고 하는 것은 아니지만, 경영자에게 있어 인생의 가을철에 겪을 수 있는 사건은 정말 다양합니다. 제가 경영 컨설턴트가 되어서 사람들에게 들었던 이야기는 무궁무진합니다. 그중에서 다음과 같은 비극적 사건들이 있었습니다.

- 어떤 사람은 가장 신뢰하고 있던 직원이 2,000만 엔을 횡령한 사실을 뒤늦게 알았습니다.
- 어떤 사람은 예전 직장 동료로부터 원한을 사서 살해당할 뻔한 사건이 일어났습니다.
- 어떤 사람은 직원이 조폭과 연루되어 조폭이 회사로 찾아온 적도 있었습니다.

- 어떤 사람은 집으로 돌아왔더니 아내와 아이가 밧줄에 묶인 것을 발견하고, 강도에게 금전을 빼앗긴 적이 있었습니다.
- 어떤 사람은 갑자기 자신이 중병에 걸렸다는 것을 알게 됐습니다.

이런 비극은 갑자기 일어나는 것처럼 보입니다. 하지만 이미 그전에 시그널을 몇 번인가 보냅니다. 그런데 그 시그널을 알아채지 못한다면 경고음이 점점 커지게 됩니다. 여러분이라면 앞과 같은 비극이 일어난다면 어떻게 대처하시겠습니까? 그 대처법이란 제가 풀어내야만 하는 퀴즈의 답과도 같은 것입니다.

"이 문제로부터 도대체 무엇을 배울 수 있을 것인가?"

페라리 두 대값의 퀴즈를 받고 저는 그 대답을 찾기 위해 고심했습니다. 그 답은 무엇이었을까요? 퀴즈의 답은 지금까지의 제 인생 경험에서 가장 큰 배움이 됐습니다. 그리고 저뿐만 아니라 수많은 다른 경영자들에게 있어서도 근본적인 배움이 되는 것이었습니다. 회사가 연간 매출액 수억 엔의 규모에서 정확히 10억 엔의 매출을 낼 수 있는 필요조건. 가업에서 기업으로 변모하기 위한 필요조건이 바로 그 대답에 있었습니다.

외면하고 싶어
억누르고 있던 어두운 마음

지인에게 돈을 빌려준 문제로 제가 어떤 배움을 얻을 수 있었는지 설명하려고 합니다. 사실 빌려주기로 결정한 순간, 저의 마음속에 이상한 감정이 올라왔습니다. 그것은 바로 기쁨의 감정이었습니다.

'손해를 감수하는 것을 알면서도 왜 기쁘다는 감정을 가지는 거지?'

저는 이 감정이 엉뚱하다는 생각이 들면서 위화감을 느꼈습니다. 그 위화감을 가만히 들여다보면서 집중해보니 저의 어두운 마음도 알게 됐습니다. 저는 타인이 저에게 의존하는 것에 '만족'을 느끼는 사람이었습니다. "사람을 잘 돌본다"라는 평판이 듣기에 나쁘지 않았습니다. 하지만 제가 가지고 있던 마음은 이기적인 감정이었습니다. 타인을 의존하게끔 해서 사람을 통제하려고 했던 것이었죠.

돌이켜 보면 저는 사람과 어울리는 자리가 많았는데 늘 밥값을 내는 편이었습니다. 술을 마시러 가면 거의 제가 술값을 계산하곤 했죠. 그럴 때마다 만족감을 느꼈습니다. 그 만족은 사람을 의존하게 함으로써 느껴지는 만족이었습니다.

　사실 많은 경영자가 이렇게 사람을 의존하게 만들어 직원을 통제하려고 합니다. 그러한 이유로 어느 정도 회사가 성장하면 더 이상의 성장이 어려워집니다. 좀 더 구체적인 숫자로 설명하면, 대부분 기업의 연간 매출액이 10억 엔을 넘지 못하는 이유가 여기에 있습니다. 연 매출 8억 엔까지 찍었던 기업이 내년에 10억 엔 매출을 찍으려고 목표로 하는 순간, 문제가 발생합니다. 10억 엔에 도달하기는커녕 오히려 6억 엔으로 매출이 떨어지게 됩니다. 이런 문제가 발생하는 이유는 경영자가 직원을 자신에게 의존하게 만들려는 무의식적인 행동 패턴 때문입니다.

　한번 생각해봤으면 합니다. 사람을 자신에게 의존하게 만드는 것이 만족스럽다는 것은 역으로 사람을 키우고 있지 않다는 말이 됩니다. 이러한 행동을 많은 경영자가 무의식적으로 행하고 있습니다. 부하직원이 성장하기라도 하면 경영자는 '직원이 처리하는 일은 미숙해'라고 무의식적으로 생각하면서 자기가 보스라는 사실을 직원에게 보여줍니다. '왜 우리 직원들은 성장하지를 않지?' 이렇게 고민하는 척을 하면서 무의식적으로는 내심 흐뭇해하고 있는 것이죠. 사람이 자라지 않는 것이 아니라 사람을 키우고 싶지 않은 것입니다. 좋은 사람을 뽑지 못하는 것이 아니라 좋은 사람을 뽑고 싶지 않은 것입니다.

　왜냐하면 좋은 사람을 부하직원으로 가지면, 경영자 자신의 존재 의미가 사라지기 때문입니다. 직원이 경영자에게 의존해야 경영자 본인의 공허감과 무가치를 느끼는 감정이 치유되기 때문입니다. 바로 이러한 특징이 경영자들이 가지고 있는 태생적인 특징이라고 할 수 있습니다. 특히 후계자 경영으로 2대 경영자를 둔 창업자가 이런 행동 패턴에 빠져 있을 때가 많습니다. 창업자는 2대 경영자의 미덥지 않은 점을 계속 이야기합니다.

"우리 아들은 나이를 먹었어도 미덥지 못해서 말이죠."

이렇게 괜히 말을 흘립니다. 그런데 아들도 아버지의 말에 맞춰서 미덥지 않은 아들 역할을 연기합니다. 그렇게 해서 부모와 자식 간의 조화를 유지하고 있는 것이죠. 이런 경우, 창업자가 아들을 의존하게 만들고 있다는 사실을 서로 인식하지 못하면, 그 아들은 자립할 수가 없습니다. 자립을 이루기 위해서는 아들이 아버지와 적극적으로 대적하려는 태도가 필요합니다.

재미있는 사실은 이런 상황이 '머리로 이해하는 것'과 '몸으로 행동할 수 있는 것'은 또 다르다는 점입니다. 한 창업자가 자신이 아들을 의존하게 만들고 있다고 깨달으면서 저에게 질문한 적이 있었습니다.

"간다 씨, 제가 이제야 깨달았습니다. 그동안 제가 아들을 망치고 있더군요. 그래서 이제부터라도 아들에게 모든 것을 맡기고 싶습니다."

그러는 사이 그 회사에 갓 입사한 관리부장이 자리에 들어왔습니다. 그 부장은 저에게 이렇게 말하더군요.

"아드님은 잘하고 계시지만 아직 멀었습니다. 잘 보살펴드리는 것이 저의 임무입니다."

이 상황을 보면서 알 수 있었습니다. 결국 창업자인 아버지는 이 신임 관리부장에게 **후계자인 아들의 감시 역할을 맡긴 상태**라는 것을요. 이 책을 보시고 있는 2대 경영자들도 많으실 것입니다. 이 이야기를 듣고 뭔가 짚이는 순간들이 떠오르지 않으신가요? 그만큼 빈번하게 일어나는 상황이라고 볼 수 있습니다.

가치 없음을
양산하는 땅

자, 그러면 더 근본적인 문제를 깊게 파헤쳐 봅시다. 경영자는 대체 왜 그토록 직원이나 후계자의 능력을 가치 없다고 판단하고 있는 것일까요? 그 원인은 경영자의 어린 시절의 가정환경에서 기인합니다.

좀 더 쉽게 말씀드려보겠습니다. 경영자의 부모는 대체로 엄합니다. 경영자는 엄한 부모 밑에서 자라오면서 "너는 안 된다"라는 말을 계속 들어왔습니다. 그러면 경영자는 어릴 때부터 '나는 남들보다 수 배로 더 노력해야겠다'라고 생각합니다. 그렇지 않으면 가치가 없는 인간이 되어버린다고 생각합니다. 이렇게 계속 가치 없음에 대한 인식이 무의식적으로 쌓여만 갑니다.

부모가 엄하지 않더라도 부부관계가 냉랭하면 그 틈에서 자라는 아이들은 자기 자신을 스스로 가치가 없는 사람이라고 느낍니다. 아이는 부부관계의 끈을 붙잡는 역할을 수행하기 위해 무의식적으로 움직입니다. 만약 아이가 둘이 있는 집이면 그중 한 아이는 착한 아이가 되어 부모의 눈치를 살피며 시선을 끕니다. 또 다른 한 아이는 문제를 일으키는 아이가 되어 부모의 신경을 잡아당깁니다. 문제아가 문제를 안 일으키면 이번에는 착한 아이 역할을 했던 아이가 말썽을 일으킵니다. 서로 시소를 타듯 균형을 맞추는 행동 패턴이 가정 안에서 펼쳐지는 것이죠.

이런 방식으로 가치 없음을 없애려는 행동, 또는 아버지의 불합리한 취급에 복수하려는 행태가 경영자의 삶의 에너지원이 됩니다. 가치 없음을 뛰어넘어서 가치 있는 남자로 성장한다는 스토리텔링을 담고 있는 영웅의 대서사시가 바로 경영자의 인생 드라마인 것입니다.

그런데 가치 없음을 뛰어넘은 남자가 드디어 가치가 있는 남자로 성장해서 그쯤에서 드라마가 끝나면 얼마나 좋을까요? 하지만 드라마가 어떻게 적절하게 엔딩을 맺어야 하는지 그 방법에 대해 알려주는 사람은 없습니다. 엔딩을 맞은 드라마는 다시 처음부터 시작을 반복합니다. 같은 내용을 말이죠.

그렇다면 드라마는 어떻게 전개가 될까요? 보통은 성공했다고 여긴 순간, 쿵 하고 낭떠러지 밑으로 떨어집니다. 경영자는 스스로 만족하는 법이 없습니다. 목표를 달성했어도 "좀 더, 좀 더! 더 할 수 있어!" 이렇게 말하며 그만두어도 된다는 OK 사인을 내리지 못합니다. 그렇게 달리다가 자기 에너지가 다 떨어질 때쯤 회사는 붕괴됩니다.

결국 이런 패턴이 반복되다 보니 일본 내 법인의 90% 이상의 기업이 연 매출 10억 엔 이하의 영세업체 상태에 머물러 있는 것입니다. 물론 경영자의 카리스마 하나로 연 매출 20억이나 30억 엔, 고도성장기에는 300억, 3,000억 엔까지 끌어올릴 수도 있습니다. 이런 경우에 해당하는 기업의 경영자가 가지고 있는 특징은 직원들로부터 '아버지'라고 불린다는 점입니다. 즉, 직원을 전부 자기 자녀로 의존하게 만들어 회사의 균형을 맞추고 있는 것이라고 볼 수 있습니다.

하지만 이런 형태의 기업은 상당히 위험한 다리를 건너고 있는 것과 다름없습니다. 왜 그럴까요? 첫 번째 이유는 경영자가 회사를 떠나는 순간, 구심력이 상실되어 조직의 크기가 확 줄어들 수밖에 없기 때문입니다. 중간관리자 역할을 해야 하는 직원들이 각자의 역할을 제대로 수행할 정도로 개인별 성장을 이루지 못한 상태여서 그렇습니다.

두 번째 이유는 평소에 경영자가 세세한 것까지 일일이 직원들에게 지시하고 있다는 점입니다. 경영자가 그렇게 행동하면 로버트 기요사키(ロバート·キヨサキ)[5]가 말한 것처럼 그저 평범한 자영업자에 머무를 뿐입니다. 자기 손을 떠나보낸 후에도 계속 수입을 창출하는 비즈니스 오너나 투자자가 되기가 어렵습니다.

지인에게 돈을 빌려준 일을 계기로 제가 깨달은 게 있습니다. 저 자신도 경영의 원동력을 스스로 낮춘 자기 평가를 극복하고야 말겠다는 부정적인 에너지에서 얻고 있었습니다. 직원을 저에게 의존하게 만들어서 내 마음의 안정을 유지하고 있었던 것입니다.

직원이나 저를 아는 회원들은 마법을 요구합니다. "간다 씨에게 물어보면 뭐든지 해결해주실 거야!"라고요. 여태 저는 그 마법의 지팡이를 손에서 놓지 않고 있었습니다. 직원이나 회원들에게 질문을 받는 즉시 해답을 들려줬습니다. '난 이런 어려운 문제도 간단하게 해결해줄 수 있어' 이렇게 은근히 자기만족을 내심 느끼면서 말이죠. 그런 방식으로 사람을 저에게서 떠나지 못하게 붙잡아두려는 이기심이 컸습니다.

---

5) 로버트 기요사키(ロバート·キヨサキ) : 익히 알고 계신 《부자 아빠 가난한 아빠》 시리즈를 저술한 투자가입니다. 이 시리즈를 통해 '불로소득을 얻는다'라는 돈에 대한 신선한 개념을 널리 알려 지금까지 잘 팔리는 비즈니스 베스트셀러가 되고 있습니다.

하지만 계속 그런 방식으로 마법을 부리다가는 직원이나 회원들은 답을 얻을지언정 더 이상 성장하지는 못합니다. 마법을 부리면 부릴수록 스스로 생각할 힘을 잃어버린 사람들만 늘어날 뿐입니다.

그 사실을 알게 된 순간 저는 결심합니다. 직원을 의존하게 만드는 게임을 그만두기로 말이죠. 게임을 그만두기로 한 순간부터 변화의 폭은 크게 다가왔습니다.

일단 저 자신이 자유로워졌습니다. 제가 자유를 얻은 반면, 그 대신에 의존하고 있던 직원들이 하나둘 성장하기 시작했습니다. 직원들은 스스로 공부해서 자기들만의 방식으로 목적을 달성하게 됐습니다. 관리직 사원들이 성장하면서 그동안 제가 하고 있던 일을 맡기 시작했습니다. 인사 평가, 업무 처리, 인재 채용, 회의 등을 스스로 운영하면서 프로젝트를 입안, 실행했습니다. 더 나아가 매뉴얼 작성까지 가능해질 정도였죠.

이제 제가 해결해야 할 문제는 별로 없습니다. 해결해야 할 문제가 설령 있다고 하더라도 저는 직원들에게 문제를 해결하는 방법을 알려줄 뿐입니다. "내가 개입하는 게 좋으면 언제든 말씀하세요" 이렇게 직원들에게 이야기해도 직원들은 이제 이렇게 대답합니다. "아니요. 제가 먼저 해결해보겠습니다. 그때 가서도 잘 풀리지 않는다면 협력해주세요"라고요.

자기 스스로 결단을 내리고 자기 스스로 실행을 잘해나간다면, 직원들은 급격하게 성장을 이루어낼 수 있습니다. 짧은 시간 안에 어느 회사에 내놓아도 일류 매니저로서 인정받는 직원이 되는 것입니다.

저에게 있어 이번 깨달음은 태어나서 처음 얻어가는 엄청난 배움 중

하나였을 정도입니다. 어렸을 때부터 제 마음에 품고 있던 가치 없음에 대한 행동 패턴을 없앤 결과, 직원들은 스스로 생각하고 행동하는 모습으로 변모한 것입니다.

지인에게 돈을 빌려준 사건이 일어나지 않았다면, 저는 계속 이 근본적인 문제를 해결하지 못하고 있었을 것입니다. 저는 여전히 자유의 몸이 되지 않았을 테고요. 회사에 몸과 마음이 묶인 죄수가 됐을 것입니다. 많은 경영자가 여전히 회사의 죄수로 남아 일생을 살아갑니다. 이런 사실을 제 나이 마흔이 되기 전에 깨달을 수 있어서 정말 행운이라고 생각합니다.

빌려준 돈의
결말

　한편, 지인에게 '빌려준 돈'은 결국 무담보, 무이자로 실행이 됐습니다. 지인은 연말까지 상환기간을 잡아줄 것을 희망했지만, 저는 3개월 이후에 반환하는 조건을 제시했습니다. 만약 그게 안 될 경우 다시 협상해서 재연장을 하는 방법을 모색하기로 했습니다.

　이 일을 계기로 저는 제 안에서 부정적인 에너지의 원천을 알아냈고 멈추게 했습니다. 그 에너지를 부정에서 긍정으로 바꾸는 것만이 가업에서 기업으로 발전시킬 수 있는 열쇠가 될 수 있다고 생각했습니다. 이 깨달음을 바탕으로 꼼꼼하게 조직을 짜서 5월 16일에 리더십 세미나를 개최했습니다. 제 입으로 자랑하는 것 같지만, 그 세미나는 지금까지의 매니지먼트를 뒤엎는 획기적인 내용을 담고 있었습니다. 그 내용을 실행한 사람들이 경영하는 회사는 수개월도 채 걸리지 않아서 크게 변화하기 시작했습니다. 지금은 **경영자가 회사에 나오지 않아도 될 정도**라는 피드백을 받고 있죠.

　'빌려준 돈을 되돌려 받는 유일한 방법은 배움에 대한 수업료입니다.

거기서부터 진지하게 배워나가면 됩니다.'

이런 태도로 저는 제가 벌인 문제로부터 무엇을 배울 수 있을지 찾아나갔습니다. 지인에게 빌려준 돈을 3개월 뒤에 갚으라고 명시하긴 했지만, 그 안에 되돌려받기에는 적잖이 큰돈이었습니다. 이런 지점에 대해서는 올해를 지나 내년에도 뭔가를 배울 수 있는 게 있지 않을까 하면서 각오하고 있던 참이었죠.

리더십 세미나가 끝나고 그다음 날, 저는 돈을 빌려준 회사를 방문하기로 했습니다. 그날은 5월 17일, 토요일이었습니다. 원래 저는 주말에 일하는 사람은 아닙니다. 가족과 휴식을 온전히 취하기 위해 일을 하는 것을 기피하는 사람이었죠. 그런데 그날은 가족들과 함께 도쿄에 갈 일이 있었습니다. 세미나를 마치고 그다음 일정까지 어느 정도 시간이 비었습니다. 저는 그 짬을 활용하기로 하고, 지인의 회사를 방문한 것입니다.

돈을 돌려받기로 한 기한은 5월 말이었습니다. 하지만 그렇게 큰돈이 3개월 만에 돌아오기는 힘들 것이라고 예상했습니다. 저는 5월 말의 기한에서 3개월을 더 연장할 마음의 준비를 하고 지인의 회사를 방문했습니다.

잠깐 담소를 나누며 시간을 보냈습니다. 30분 정도 지났을까요. 그때쯤 지인에게 질문했습니다.

"그래서 빌리신 돈은 어떻게 하실 예정인가요?"
"네. 약속드린 대로 전액 되돌려 드리겠습니다."

저는 애써 평정심을 유지하면서 말을 이어갔습니다.

"그것은 고마운 말씀입니다. 하지만 가장 중요한 것은 회사의 경영이 안정적으로 돌아가는 것입니다. 무리해서 돌려받는 것은 제 희망사항이 아니에요."

"네. 그렇지만 제가 혼자서 어떻게든 버텨보겠습니다."

"그렇게 말씀하시니 고맙게 받겠습니다. 정말로 괜찮으신 것인가요?"

"네."

"다시 힘들어지셔도 그때는 돈을 빌려드릴 수 없을 것입니다."

"그럼요. 알고 있습니다."

지인의 마음속에는 그가 내뱉은 말보다 더한 말들이 담겨 있는 것 같았습니다. 꽤 오랜 세월 서로를 지켜본 사이라 그 정도는 짐작하고도 남았습니다.

그의 회사에서 나온 뒤, 저는 한참을 멍하니 있었습니다. 리더십 세미나의 콘텐츠를 세상에 내놓자마자 빌려준 돈이 전부 저에게 돌아온 것입니다. 그것도 완벽하게 말입니다. 배움을 얻으면 문제가 해결되는 것쯤은 알고 있었습니다. 그런데 이렇게도 헛된 시간이 하나도 없다니 놀라웠습니다.

필요한 공부에 매진하면 문제는 해결되는 것뿐만 아니라 선물이 되어 되돌아옵니다.

'다행이다, 다행이야! 사라졌다고 생각한 돈이 다시 내 손에 되돌아왔어. 이걸로 페라리라도 살까?'

저는 저를 찾아온 기적에 흠뻑 취했습니다.

하지만 결국 페라리를 살 수는 없었습니다. 지인이 진지하게 되돌려준 돈을 헛되게 쓰는 것은 안 된다고 생각했기 때문입니다. 저는 돌려받은 돈으로 우울증을 예방하는 영상을 만들어 무료로 배포하기로 했습니다. 그 정도의 돈이라면 수만 개의 동영상 테이프를 무료로 나눠줄 수 있었습니다. 저의 노력으로 우울증을 극복할 수 있는 사람이 단 몇 명이라도 생긴다면, 지금은 고인이 된 지인의 얼굴을 나중에라도 편하게 볼 수 있을 것 같았습니다.

저는 대단한 행운을 경험한 사람입니다. 풍요로움이라는 것은 바로 이런 경험을 두고 하는 말일 것입니다. "수업료라고 생각하세요"라고 지혜를 전달해주는 사람이 제 곁에 있습니다. 돈을 빌려준다는 큰 결정을 두고도 아무 불평 없이 저를 믿어주는 아내가 있습니다. 말만 건네기만 하면, 같이 머리를 싸매고 고민해주는 동료가 있습니다. 저의 믿음에 보답하기 위해 필사적으로 돈을 마련해서 되돌려주는 경영자가 있습니다.

이런 연결고리가 저의 인생을 보석처럼 빛나게 해줍니다. 경영자로서 제법 타고난 삶이라고 볼 수 있습니다.

제2장

성장에는
'함정'도 따르기 마련이다

• • •

성장에는 '고통'이라는 동반자가 있습니다.
이번 장에서는 기업을 경영하다 보면 맞닥뜨리게 되는 '매니지먼트의 위기'를
사전에 간파할 방법을 알기 쉽게 소개하겠습니다.
'모모타로 이론' 또는 '가정의 위기' 등 다른 책에서 자세히 언급하지 않았던 내용을
최초로 공개합니다!

복수의 프로젝트를
자동으로 조종하는 매니지먼트 방법

그러면 이제부터 업무상에서뿐만 아니라 경영자로서 살아가는 데 아주 큰 힘이 되는 매니지먼트 방법을 여러분에게 전달하고자 합니다. 이 매니지먼트에 해당하는 지식은 제가 사람을 모으는 마케팅에서 썼던 방식보다 훨씬 효과가 있습니다. 여러분은 이 방법을 통해 매니지먼트에 관한 지금까지의 생각을 완전히 뒤바꾸는 위력을 경험하게 될 것입니다.

이 매니지먼트 방법을 사용하면 복수의 회사, 복수의 프로젝트를 동시에 수행할 수 있는 능력이 배양됩니다. 그렇게 할 수 있는 이유는 이 방법이 직원을 단기간 안에 성장시킬 수 있기 때문입니다. 직원이 성장하면 경영자인 여러분은 복수의 프로젝트를 수행할 수 있게 됩니다. 거의 자동 조종 방식으로 움직일 수 있게 되는 것이죠.

경영자가 복수의 프로젝트를 실행해야만 하는 중요한 이유가 무엇일까요? 정답은 사업의 생애주기[6]가 점점 짧아지고 있다는 데 있습니다.

---

6) 사업의 생애주기 : 사업에는 '도입기', '성장기', '성숙기'라고 하는 생애주기가 존재합니다. 그것을 자각하는 전략, 전술을 실행하지 않으면 성공은 어렵습니다. 이 내용은 간다 마사노리가 주장하는 기본 개념 중 하나입니다. 이 책의 4장에서도 상세하게 다루고 있습니다.

하나하나의 사업의 생애주기가 짧은 상황에서 단 한 개의 사업을 키우는 데만 에너지를 집중해버리면 그 사업이 나이가 들어서는 시들시들 메말라 버릴 수 있습니다.

예를 들어보겠습니다. 어떤 상품 하나를 기반으로 사업을 일으켰다고 가정해봅시다. 이 사업의 생애주기는 어느 정도가 될까요. 아마도 길어봐야 5년에서 6년 정도가 될 것입니다. 그렇게 보는 이유는 회사의 도입기, 성장기, 성숙기는 각각 약 2년 정도밖에 걸리지 않기 때문입니다. 그 말은 달리 표현하면 아무리 전력을 쏟아내 어렵게 시작한 사업이라 할지라도 꿀맛을 보는 시기는 겨우 수년밖에 되지 않는다는 것입니다. 그 뒤로는 이익이 격감해 버립니다. 따라서 돈을 벌고 있는 아주 짧은 기간 안에 다음 사업을 일으키지 않으면 안 됩니다.

과거에는 하나의 비즈니스 모델을 세우면 그 비즈니스 하나만 잘 키워나가는 것이 중요했습니다. 하지만 지금의 기업 환경은 사업의 생애주기가 짧아졌습니다. 그래서 항상 여러 개의 작은 프로젝트들을 동시에 진행해 움직이고 있지 않으면 기업의 수익은 안정적일 수가 없습니다.

복수의 프로젝트를 운용하는 데 필요한 매니지먼트 노하우는 지금까지 없던 방식입니다. 지금까지 기업이 활용하고 있던 매니지먼트 방법은 하나의 거대한 조직을 움직이는 데 필요한 방법론이었습니다. 일반적으로 "매니지먼트는 직원 수가 30명에서 100명 정도 도달했을 때 고려하는 것이 좋다"라고들 종종 이야기되곤 했습니다. 상식적으로는 맞는 말입니다. 저도 그렇게 믿고 있었고요. "매니지먼트라는 것은 직원이 많아졌을 때 생각하자!" 이렇게 말이죠.

확실히 '군대식의 조직'을 구성하는 것을 전제로 한다면, 30명에서 100명이 될 때까지는 매니지먼트에 크게 전력을 쏟을 필요는 없습니다. 군대식의 조직은 조직이 급격하게 성장하는 시기에는 적절합니다. 하지만 안타깝게도 성숙기에 접어드는 기업에 군대식의 조직은 부적절하게 변해버립니다. 즉, **상사의 명령에만 복종하며 일하는 조직은 성장기의 기업에 딱 부합합니다.** 그런데 그다음 성숙기에 접어들자마자 고여 있던 '고름'을 갑자기 분출하게 됩니다.

고도성장기에 급격하게 성장한 기업에서 일했던 전사들은 현재 대량으로 우울증[7]에 걸려 있습니다. 이 현상을 가만히 들여다보면 성숙기에 접어든 군대식 조직이 어떻게 왜곡되어가는지 제대로 파악할 수 있습니다.

지금 제가 통감하고 있는 것은 창조적인 조직이라면 **불과 5~6명의 규모에서부터 매니지먼트를 확실히 해야 한다는 점입니다.** 왜냐하면 지금의 기업 환경에서 가장 중요한 것은 '고객의 수요를 창출하는 것'이기 때문입니다. 고객이 구매하고 싶은 상품의 특징을 잡아내, 재구매를 할 수 있도록 고객을 위한 서비스를 지속해서 제공하는 것이 중요합니다. 이 과정은 상당히 크리에이티브한 과정으로 진행되는 것이어서 군대식의 매니지먼트 방법으로는 도무지 수행할 수 없는 작업입니다. 제일 안 좋은 경우는 그 어떤 매니지먼트 방법도 고려하지 않는 것이고요.

물론 군대식의 매니지먼트도 아예 없는 것보다는 있는 편이 낫습니

---

7) 우울증 : 이 책에서 말하는 '현재'란 2003년을 뜻합니다. 여러 매체에서 다루었던 것처럼 기업가들이 앓고 있는 우울증은 지금도 큰 사회 문제가 되고 있습니다.

다. 그런데 어차피 매니지먼트를 하려고 생각하고 있다면 자동 조종을 하면서 크리에이티브하게 움직이는 조직을 만들어보자는 것입니다.

저는 제가 쓴 책《60분간·기업일류화 프로젝트》의 후기에 이렇게 적었습니다. 저는 요코하마국립대학의 호리노우치 타카히사(堀之内高久) 선생님[8]과 함께 콜라보를 진행하면서 색다른 매니지먼트 방법이 탄생했다고 말입니다. 그 매니지먼트 이론 덕분에 기업은 원활하게 급성장할 수 있습니다. 저는 앞으로 여러분께 그 획기적인 매니지먼트 방법을 되도록 알기 쉽게 설명하고 싶습니다.

---

8) 호리노우치 타카히사(堀之内高久) 선생님 : 현재는 대학에서 진행하는 벤처 멘토링 연구소의 슈퍼바이저로 지내고 있습니다.

문제가 생기는 타이밍을 예측하는 '극장 사고'

여기서 알려드릴 내용은 '문제를 예측하는 방법'입니다. 문제를 예측함으로써 한 번 일어난 문제가 두 번 다시 일어나지 않도록 하는 것입니다. 우리는 문제가 생기기 전에 그 문제가 언제쯤 일어날 것인지 대략 예측이 가능합니다. 그전에 미리 수를 써서 문제가 일어나지 않도록 방지하는 것입니다. 그렇게 하면 문제가 생기기 전에 문제를 해결하는 것이 되기 때문에 회사는 시간을 낭비하지 않고 다음 단계로 뛰어넘을 수 있게 됩니다.

이 문제해결법은 지금까지 우리가 알고 있던 상식과는 전혀 다릅니다. 이번에 소개해드릴 문제해결법은 저의 원천 콘텐츠이기도 합니다. 게다가 문제가 발생할 시기까지 예측이 가능한 획기적인 방법입니다. 저는 이 방법을 '극장 사고를 통한 문제 예측·해결법'이라고 부르고 있습니다.

지금까지의 상식적인 문제해결법은 문제가 발생하면 원인을 찾아 그 일을 멈추고 해결을 제시합니다. 적절한 해결책이 적용된다면 그 이후에는 문제가 발생하지 않는다는 사고법이죠. 하지만 이런 '원인 사고'는 아주 큰 단점을 가지고 있습니다. 우선 '문제를 해결하려면 원인을 찾아 멈추게 한다'라는 생각 방식은 회사 조직의 균열을 불러일으킬 위험성을 가지고 있습니다. 왜 그럴까요? '문제가 어떻게 발견되는지'의 과정을 찾아보면 그 이유를 알 수 있습니다.

문제는 어떤 형태로 조직에서 수면 위로 떠오를까요? 대체로 고객, 또는 직원의 불만에서 옵니다. 불만이 생기면 많은 회사가 그 원인을 살살이 찾아냅니다. 대략 이런 방식으로 말입니다. "이 일은 A씨가 하기로 했던 것 아닌가요? 근데 왜 실행하지 않고 있죠?" 이렇게 원인을 밝혀낼 수 있는 것이죠.

그러면 'A씨가 제대로 일을 실행하려면 어떻게 해야 할까?'를 궁리하는 것으로 해결책을 제시합니다. 그 결과, A씨에게 주의를 주거나, 일을 더 잘할 수 있도록 훈련을 시키거나, 개선할 수 있는 매뉴얼을 만들도록 지시합니다. 어찌 보면 이 해결책은 논리적으로 옳은 것처럼 보입니다. 하지만 '감정'이라는 측면에서 다시 살펴보면, 치명적인 결점이 있습니다. 조금 전의 상황을 'A씨'의 시선에서 바라보면, 그는 이런 감정이 있을 게 분명합니다.

'나는 정말로 목숨을 다해서 열심히 일했는데 나를 이 지경까지 몰고 가다니! 정말 지독한 회사야!'

즉, 이런 식으로 스스로 회사에서 부정당했다고 여기게 됩니다. 물론 당사자인 A씨는 잘못이 없고, 다만 일의 과정이 잘못된 것이라고 그를 두둔하며 보호할 수도 있습니다. 하지만 그런데도 동기부여가 떨어지면서 조직 내 인간관계에도 불신이 쌓여갈 수 있습니다. 이렇게 되면 문제가 발생했을 때 원인 찾기를 하면 할수록 조직에는 균열이 생길 수밖에 없습니다.

게다가 원인을 찾아내고, 또 그에 맞는 해결책을 알아냈다고 해서 그것만으로 문제가 해결되는 것인지, 아닌지는 알 수 없습니다. 원인을 찾아 해결책을 알아내기까지, 거기에 걸리는 시간차가 발생하기 때문입니다. 즉, 원인을 찾아내는 시간과 해결책을 알아내는 시간 사이에 갭이 발생한다는 것입니다(79페이지 참고).

'원인 1'은 '상황 1'에서 발생하고 있습니다. 그런데 '원인 1'의 해결책을 이번에는 '상황 2'에서 발생한 '원인 2'에 응용하려고 하고 있습니다. '상황 1'과 '상황 2'는 전혀 다른 상황인데도 말입니다. 상황이 달라졌는데 똑같은 해결책으로 문제를 해결하면 그 문제가 해결된다는 보장이 없습니다.

더구나 '상황 2'에서 알게 된 '원인 2'라는 것은 그전의 상황에서 제시한 해결책 때문에 발생한 것일 수도 있습니다. 즉, 문제해결법 안에 앞으로 또 다른 문제를 발생할 요인이 잠재되어 있을지도 모른다는 것입니다. 언 발에 오줌 누기 같은 상황입니다. 그렇게 해봐야 근본적인 문제가 해결되지 않습니다.

지금까지는 괜찮았는지도 모릅니다. 사업의 생애주기가 길었기 때문입니다. 상황의 변화도 그다지 빈번하게 발생하지 않았습니다. 하지만 지금의 기업 환경은 다릅니다. 반년만 지나도 상황은 급변합니다. 문제해결법 자체가 큰 한계점을 지니게 된 것입니다.

| 문제해결법의 문제점 |

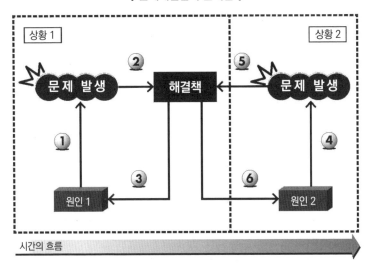

① 상황 1 속에서 원인 1에 의한 문제 발생

② 원인 1을 찾아내 해결책을 제시

③ 해결책을 원인 1에 적용. 이때, 이미 문제가 발생한 시점으로
부터 시간 경과

④ 다시 문제 발생. 이때는 시간이 더더욱 경과해 이전과 상황이
많이 달라져 있음.

⑤ 과거의 해결책을 원인 2에 응용하려고 함.

⑥ 상황 1과 상황 2는 상황도 다르고 원인도 다름.
똑같은 해결책으로 해결이 된다는 보장이 없음.

문제는 '신화의 패턴'에서
발생한다

그렇다면 이런 문제가 발생했을 경우, 우리는 어떻게 대처하면 좋을까요? 제가 최근에 실천하고 있는 방법은 문제가 발생하면 해결책을 생각하는 방법이 아니라, 문제가 발생할 시기를 예측해 그 해결책을 사전에 준비해두는 방법입니다. 이 문제해결법은 효과가 대단합니다. 왜냐하면 문제가 발생하기도 전에 그 문제를 해결해버리기 때문입니다.

이 문제해결법은 문제가 발생하는 패턴이 이미 결정되어 있다는 것을 전제로 합니다. 결론부터 말씀드리면, 문제는 신화의 형식을 빌어서 찾아옵니다. "무슨 소리죠? 신화와 조직의 문제 발생이 무슨 관련이 있다는 것입니까?" 이렇게 질문하실 수도 있겠습니다만 어쩔 수가 없습니다. 문제 발생의 예측은 그렇게 '신화의 패턴'에서 찾아지는 것이기 때문입니다.

다음의 도표는 동서고금의 신화를 패턴화시킨 것입니다. 이 신화의 패턴을 다르게 설명하면 할리우드 영화의 히트작에서도 흔히 볼 수 있는 패턴이기도 합니다. <스타워즈>, <타이타닉>, <센과 치히로의 행방불명>, <쉘 위 댄스?>와 같은 유명한 작품들이 차용한 신화의 패턴을 기본 구조로 가지고 있습니다.

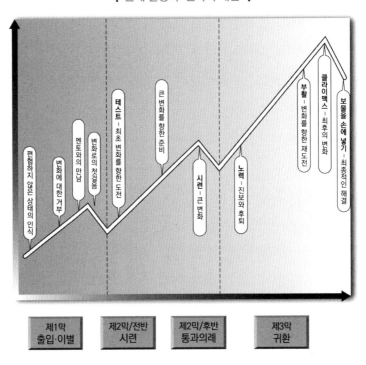

| 문제 발생의 '신화의 패턴' |

편협하지 않은 상태의 인식

변화에 대한 거부

멘토와의 만남

변화로의 첫걸음

테스트 – 최초 변화를 향한 도전

큰 변화를 향한 준비

시련 – 큰 변화

노력 – 진보와 후퇴

부활 – 변화를 향한 재도전

클라이맥스 – 최후의 변화

보물을 손에 넣기 – 최종적인 해결

| 제1막
출입·이별 | 제2막/전반
시련 | 제2막/후반
통과의례 | 제3막
귀환 |

《신화의 법칙》(크리스토퍼 보글러(Christopher Voglar) 저, 스토리아트 & 사이언스연구소 출간)에서 발췌.

'신화의 패턴'을 차용한 작품들의 배경과 캐릭터는 모두 다릅니다. 그래서 전혀 다른 영화들로 보이죠. 그런데 이들 작품의 이야기 전개 구조를 분석해보면, 할리우드 영화들은 전부 똑같은 구성이라는 것을 알수 있습니다. 우리는 똑같은 이야기의 흐름을 보고 있는 것뿐인데도 그것을 미처 깨닫지 못한 채 매번 기쁜 마음으로 관람료를 내면서 극장에서 영화를 보고 있습니다. 즉, 고객을 감동하게 하는 공식이 여기에 숨어 있다는 것입니다. 할리우드 영화의 천재 감독이라 불리는 제작자들은 너무나 당연하게도 이 '신화의 패턴' 공식을 활용하고 있습니다.

할리우드 영화는 앞의 도표에서도 설명한 것처럼 3막 구성으로 이루어져 있습니다. 각 1막에서는 반드시 장애물이 발생합니다. 우리 인생도 똑같습니다. 영화의 3막 구성처럼 우리 인생에서도 비슷한 타이밍에 장애물이 툭 튀어나옵니다.

이런 말이 있습니다.

"두 번 일어난 일은 세 번도 일어난다."

왜 이런 말이 생겼을까요? 그 이유는 이렇습니다. 1막에서 해결한 문제는 더 이상 일어나지 않는 것처럼 보이지만, 2막에서 똑같은 문제가 또 발생하면 그 패턴에 익숙해져서 3막에서 더 큰 위기를 맞게 되기 때문입니다. 3막에서 맞이한 위기를 클라이맥스라고 부르죠.

이런 흐름을 알고 있으면 문제가 발생한 순간, 근본적인 해결책을 제시하는 게 쉬워집니다. 첫 번째 문제가 발생했을 때 우리는 이렇게 예측할 수 있습니다. '음, 이것은 시나리오 전체 구성을 봤을 때 제1막의 끝나는 시점에 해당할 거야'라고 말이죠. 그러면서 마법의 질문을 스스로 던져보는 것입니다.

- 대체 나는 이 문제를 통해서 어떤 배움을 얻을 수 있을 것인가?
- 이 문제가 제1막의 종결 시점이라고 본다면, 제2막에서는 어떤 문제가 발생할까?

최종적인 배움을 얻기 위해 우리는 무의식적으로 시나리오를 쓰고 있습니다. 그 시나리오를 바탕으로 문제가 발생하고 있는 것입니다. 그렇다면 배움의 내용을 알 수 있는 것으로 2막의 문제가 발생하기도 전에 그 문제를 예방하고 대처할 수 있는 것이 가능해집니다. 그런데 희한하게도 실제로는 필요한 배움을 이미 얻었기 때문에 두 번째, 세 번째의 문제는 발생하지 않게 되는 것이죠!

그게 정말로 가능한 일인지, 그런 신기한 일이 일어날 수 있는지 의심할 수도 있습니다. 하지만 제가 왜 굳이 거짓말을 하겠습니까. 그렇게 해봐야 제가 얻어지는 것은 없습니다. 또 여러분이 이 문제해결법을 검증하는 데 돈이 들지도 않습니다. 문제가 발생했을 때, 여러분은 제가 제시한 극장 사고법을 머릿속에 떠올리면 그뿐입니다.

그런데 말입니다. 왜 이런 패턴이 존재하는 것일까요? 이것은 저의 가설이긴 합니다만, 옛날부터 전해져 온 신화의 패턴이 우리의 잠재의식 속에 알게 모르게 스며들어 있기 때문입니다. 더구나 개인의 잠재의식이 아닌, 인류 전체의 잠재의식 속에 프로그래밍되어 있습니다.

인간은 잠재의식 속에 입력된 자동사고 패턴에 의해 행동을 일으킵니다. 그 말은 일반적인 사람들, 또는 조직은 총 3번의 장애물을 겪고 나서야 배움을 얻을 수 있다는 설계도를 무의식적으로 가지고 있다는 뜻입니다. 세계적인 극작가 셰익스피어(Shakespeare)는 "인생은 극장이다"라는 유명한 말을 남겼습니다. 단순히 인생과 극을 비교한 말이 아닙니다. 현실을 정확히 표현해낸 말입니다.

배움을 얻기 위한 연극을 그룹 전체의 인원이 실행하고 있는 것이 바로 회사입니다. 회사가 문제해결법을 효과적으로 활용하려면 어떻게 해야 할까요. 하나의 문제가 발생한 순간에 생각해야 합니다. 그 문제가 어떤 배움을 얻기 위한 시나리오인지 열심히 생각해야 합니다. 그 배움을 획득하게 되면 두 번째 문제도, 세 번째 문제도 발생하지 않습니다. 설사 두 번째 문제가 발생한다고 하더라도 사고 전에 방지책을 세울 수 있기 때문에 매우 나쁜 상황으로 빠지지 않습니다. 이런 연습을 회사에 근무하는 사람들 전체가 몸에 익힌다면 어떤 일이 벌어질까요? 놀라울 정도로 회사의 성장 속도가 빨라지는 것을 경험할 수 있습니다.

회사 조직이
붕괴되는 타이밍

극장 사고라는 문제해결법은 문제가 일어난 시점에 전체의 시나리오를 상상해서 두 번째 일어나게 될 문제를 사전에 예방하는 방법입니다. 이는 비즈니스뿐만 아니라 인생 전반에서도 활용할 수 있는 문제해결법입니다. 상당히 심오한 이야기로 들릴 수도 있겠지만, 이 방법은 결정론적으로 사고하기보다 직감을 얻기 위한 사고의 도구로 활용하는 것이 좋습니다.

그다음으로 습득해야 할 내용은 무엇일까요. 바로 성장하고 있는 기업이라면 반드시 마주하게 되는 첫 번째 함정입니다. 그 함정이 언제부터 전조현상이 있는지, 내용은 무엇인지, 발생하는 시기, 이론적 배경 등을 알아보겠습니다. 이 이야기는 여러분이 월급쟁이로 있든, 창업하든 중요한 내용입니다. 왜냐하면 어느 회사든 성장하게 되면 반드시 똑같은 시기에, 또 똑같은 패턴으로 균열이 일어나기 시작하기 때문입니다. 이것을 모르고 지나치면 월급쟁이는 자신의 직무가 위태로워집니다. 창업가는 회사를 키워도 조직이 붕괴됩니다. 결국 어느 경우든 회사는 무너지고 마는 것이죠.

하지만 너무 걱정하지 마세요. 이다음의 대처법을 저와 함께 알아간 다면 무서워할 일은 아닙니다. 지금까지와는 다른 아주 새로운 관점으로 우리가 맞닥뜨리게 될지도 모를 함정을 피해 갈 수 있습니다. '이 정도로 조직의 움직임을 예측할 방법이 있다니!' 하면서 반짝이는 눈으로 제가 들려드릴 방법을 알아가시면 됩니다.

먼저 두 문제의 퀴즈 형식으로 어떤 전형적인 회사의 예를 들어보겠 습니다.

어느 지역에 작은 규모의 회사가 있었습니다. '이로하 주식회사'라는 곳입니다. 이로하 주식회사는 5년 전에 설립된 회사입니다. 처음에는 대표 혼자 일하며 고생을 했지만, 3년 전쯤에 영업 담당자를 채용했습 니다. 대표와 영업 담당자 두 사람은 큰 회사를 만들자는 목표로 의기투 합해 24시간 365일을 열심히 일했습니다.

두 사람은 다양한 영업방식을 개발해나갔습니다. 그사이, 영업 담당 자는 대표의 오른팔이 됐습니다. 영업을 전적으로 맡을 수 있는 위치에 오른 것입니다. 회사는 경리, 영업사무직, 그리고 매입이나 배송을 담당 하는 생산직 직원을 채용하면서 규모를 늘렸습니다.

지금은 10명 정도의 직원을 둔 작은 회사지만, 급성장하고 있어서 앞으로도 성장세가 꺾일 걱정은 없습니다. 올해는 주식회사로 전환해 큰 사무실을 얻어 이전하기도 했습니다. 회사를 창업한 이래, 앞을 향해 달려오기만 했는데, 이제야 한숨을 돌릴 수 있게 된 것입니다.

"사실 올해만 해도 회사에서 자리를 비우기라도 하면 휴대전화에 불이 날 정도였는데, 최근에는 직원들에게 맡기고 나와도 될 정도로 안정적으로 변했습니다. 가족과 함께 휴가를 떠날 수도 있게 됐고, 세미나에 참석해 공부하는 여유도 생겼습니다."

이 회사의 대표는 안도감을 느끼고 있습니다. 가까운 미래에 이 회사의 조직이 붕괴될 거라는 것을 꿈에도 짐작하지 못한 채 말이죠.

자, 여기서 퀴즈를 내보겠습니다.

질문 1. 이 회사에 균열이 생기는 시점은 몇 년 후라고 예측하십니까?
질문 2. 그러는 사이, 조직 분열의 방아쇠를 잡아당기는 사람은 누구일까요?
질문 3. 분열한 조직은 앞으로 어떻게 될까요?
질문 4. 어떻게 하면 이런 문제를 피할 수 있을까요?

(각 질문당 25점. 합계 100점. 제한시간 20분)

어떠세요? 여러분은 답을 구하셨습니까?
지금부터 앞서 질문한 내용에 대한 답을 이로하 주식회사의 대표인 아오시마 타쿠(靑島タク) 씨에게 물어보도록 하겠습니다. 아오시마 사장님, 앞으로 나오셔서 대답해주세요.

"아오시마 사장님, 대체 어떤 일이 일어났던 것인가요?"

"휴, 세상에 그런 일이 일어날 것이라고는 꿈에도 생각하지 못했습니다. 이런 지독한 경험은 태어나서 처음입니다. 속이 다 상할 지경입니다. 그만큼 믿었던 오른팔이었습니다. 철석같이 믿고 있던 저를 배신했습니다. 그 일이 벌어진 것은 회사를 창업하고 4년째 되던 시기였습니다. 저는 가족들과 함께 디즈니랜드에서 휴가를 즐길 참이었습니다. 그런데 디즈니랜드에 저와 가족들이 도착한 순간 휴대전화가 울렸습니다. "대표님! 큰일 났습니다!"라고요. 회사 컴퓨터에 저장된 고객 자료를 전부 우리 회사 영업 담당자가 훔쳐 간 것이었습니다.

문제는 그게 다가 아니었습니다. 그는 경리직원이랑 다른 영업직원 2명을 더 포섭해 그들을 퇴직하게 만들었습니다. 정말 놀랐습니다. 저는 정말로 굳게 믿고 있었으니까요. 그 녀석이 우리 회사의 자료를 훔쳐 라이벌 회사를 만들어버리다니요. 정말 어이가 없었습니다."

"저런! 정말 큰일을 겪으셨군요. 그때의 기분은 어떠셨습니까?"

"처음에는 왜 이런 일이 내게 일어났는지 도통 알 수가 없었습니다. 그것도 한 사람이 아닌, 여러 사람이 저를 배신했다는 것이 정말 황당했습니다. 물론 당장의 매출을 어떻게 수습할 것인지도 문제였지만, 더 큰 상처는 따로 있었습니다. 지금까지 굳게 믿고 있던 사람들에게 배신당했더니 지금까지 제가 해왔던 일에 대한 회의감이 엄습해오더군요. 좌절감에 빠지면서 일이 손에 잡히지 않는 시기가 약 3개월간 지속됐습니다. 게다가 우리 회사의 고객 자료 전부를 빼앗아간 일입니다. 그들은 우리보다 더 싼 가격으로 똑같은 상품을 판매하기 시작했습니다. 저는 그 상황을 지켜보면서 °우리 회사를 제 손으로 정리할까 각오까지 한 상태였습니다."

"대표님은 그 상황을 도대체 어떻게 극복하셨습니까?"

"우선, 제가 앞장서서 우리 회사의 조직을 다시 손보기 시작했습니다. 남아 있는 직원들에게 심기일전해달라고 부탁하기도 했습니다. 그런데 고마운 일이 생기더군요. 회사 정보를 빼간 영업 담당자에게 그동안 반감이 있었던 다른 직원들이 힘을 모아줬습니다. 그 직원들은 나이가 좀 어렸고 평사원이었습니다. 영업 담당자였던 상사가 사라지니 그들이 실력을 발휘해 저를 도와주기 시작한 것입니다. 눈엣가시였던 사람이 사라지니 오히려 사내 분위기가 밝아졌고요.

결과적으로 제 오른팔이었던 영업 담당자는 회사에 안 좋은 직원을 전부 데리고 나가준 셈이 된 것입니다. 사건이 벌어진 이후, 영업 담당자가 세운 회사의 상품이 더 저렴하다고 하며 고객들이 유출되기도 했지만, 대신에 새로운 고객들이 소개로 유입되기도 했습니다. 싼 상품만을 찾는 고객들이 사라지면서 우리 회사의 상품 평균가는 오히려 올라갔습니다. 결과적으로만 말씀드리면, 그 사건 덕분에 우리 회사는 한 단계 진일보할 수 있었던 것이죠."

"그 라이벌 회사는 어떻게 됐습니까?"

"글쎄요. 최근에는 소식을 못 들어서 잘 모릅니다. 들려오는 소문에 의하면 직원들끼리 싸워서 상태가 좋지 않은 것으로 알고 있습니다."

자, 여기서 앞서 낸 퀴즈에 대한 해답을 드리겠습니다.

1. 조직의 균열이 발생하는 시기는 대표가 안심하기 시작하면서 1년 이내입니다.
2. 대표가 조직 분열의 방아쇠를 당기고, 그 오른팔 역할을 하는 직원이 주동자가 됩니다.
3. 분열된 조직은 대처하기도 전에 해체됩니다.
4. 대표는 성장기의 끝 무렵, 그리고 성숙기에 진입하는 시기에는 회사 내부를 철저하게 시스템화하는 것이 중요합니다.

어떻습니까? 여러분은 퀴즈를 잘 맞추셨나요? 이번에는 이 문제에 대해 경영 컨설턴트인 칸자키 히로시(神崎ヒロシ) 선생님[9]에게 해설을 부탁드리겠습니다.

"칸자키 선생님, 대체 왜 이런 문제들이 발생하는 것인가요?"

"이것은 거의 모든 기업이 공통으로 경험하는 문제입니다. 대부분 회사가 이런 패턴을 밟고 있지만, 그 패턴에 대해서 눈치채지 못하고 있

---

9) 칸자키 히로시(神崎ヒロシ) 선생님 : 이 책에서는 간다 마사노리의 별명이라고 생각해도 좋습니다. 소설 형식의 경제 경영서로 베스트셀러가 된 《성공한 사람의 고백》에 등장하는 인물로, 창업가이면서 이야기의 주인공입니다. 아오시마 타쿠가 맞닥뜨리는 다양한 경영 위기, 가정의 위기를 훌륭하게 해결해내는 컨설턴트입니다.

죠. 그러므로 똑같은 실패를 여러 회사가 또 경험하는 것입니다.

사업에는 생애주기가 있다는 것을 익히 알고 계실 것입니다. 생애주기를 3등분하면 도입기, 성장기, 성숙기로 나눌 수 있습니다. 조직에서 발생하는 문제는 성장기의 끝 무렵에서 성숙기의 초기로 넘어가는 시점에 일어납니다. 그래서 이 시기를 맞는 회사는 내부의 문제를 총체적으로 점검해 회사를 새롭게 탈바꿈해야 합니다."

"회사를 새롭게 탈바꿈한다는 것은 무엇을 말하는 것입니까?"

"간단히 말하면, 오너 중심의 가업에서 기업으로 변신한다는 뜻입니다. 가업이라는 것은 부부가 함께 경영하는 자영업 정도의 비즈니스입니다. 그러한 상황을 경영 시스템에 맞는 기업체의 형태로 바꾸는 것을 의미합니다. 비유해보자면, 애벌레가 번데기가 되어 나비가 되지 않습니까? 애벌레가 가업이라고 한다면 기업은 나비가 됩니다. 기업은 대표 개인의 에고로 움직이면 안 됩니다. 시스템으로 움직여야 하죠.

조직에 문제가 발생하는 시기는 바로 애벌레의 시기입니다. 이 시기에 문제에 대처하는 방법을 잘못 판단하는 바람에 대부분 기업이 연 매출 10억 엔을 넘지 못하는 것입니다."

"조직이 애벌레일 때 문제가 발생하는 패턴에 대해서 알려주실 수 있습니까?"

"그 패턴도 참 희한하지요? 무서울 정도로 다 비슷한 패턴을 겪고 있습니다. 그 어떤 기업이라 할지라도 말입니다. 처음에는 회사의 대표가 회사의 실무를 담당할 오른팔을 영입합니다. 영입한 직후에는 서로 사이가 좋습니다. 회사의 매출을 올리기 위해 서로 최선을 다합니다. 그런데 그것이 딜레마가 됩니다. 지금까지는 작은 문제에 불과했지만, 고객의 수가 늘어날수록 실수도 증가합니다. 상대적으로 고객만족도는 내려가게 됩니다. 그런데도 늘어난 업무량 탓에 회사는 바빠집니다. 밤 11시가 되어도 회사 사무실의 불은 꺼지지 않습니다. 결국 대표를 따라갈 수 없게 된 오른팔은 불만을 토로합니다. 상황의 예를 들어볼까요?"

오른팔 : "더 이상 이렇게 일할 수는 없습니다. 한계에 다다랐어요. 사람을 더 뽑아주셨으면 좋겠습니다."

대표   : "그래요. 그게 좋겠군요. 누구를 뽑았으면 좋겠습니까?"

오른팔 : "경리 업무가 정리되지 않으니 경리를 새로 뽑아주시면 어떨까요?"

대표   : "좋아요. 그러죠. 새로 경리 직원을 뽑겠습니다. 그렇게 되면 당신은 더 이상 전표, 청구서의 발행, 외상 매출금의 회수 등의 업무를 보지 않아도 되니까요."

"아하! 이렇게 오른팔의 직무가 가벼워지는군요! 하던 일이 줄어드니 오른팔은 이제 경영에 뛰어들 여유가 생겼겠군요."

"아니요. 생각보다 그게 쉽지 않습니다. 그럴 틈이 생기지 않는 것이죠. 왜냐하면 대표가 계속 새로운 일을 들고 오기 때문입니다. 대표가 세미나에 참석하면 거기서 새로운 아이디어를 얻어 자기 회사에 적용하려 합니다. 그러면 회사는 대혼란에 빠지게 되죠. 그 수습을 오른팔이나 경리 직원이 하게 되는 것입니다.

그런데 그 수습하는 과정이 꽤 어렵습니다. 시간이 제법 걸리는 일이 되는 것이죠. 회사가 바빠지면서 새로운 사람을 채용하지만, 곧 그만두고 맙니다. 과중한 업무에 병에 걸려 회사를 쉬는 직원도 생겨납니다. 그 결과 계속 실수는 증가하고, 회사는 패닉 상태에 빠지게 되는 것입니다.

회사가 요지경인데도 불구하고 대표는 늘 회사에 있지 않습니다. 직원 입장에서는 엄청난 스트레스 상황인 것이죠. 그사이에 오른팔과 경리 직원은 서로 친해져서 업무가 끝난 뒤 따로 만나 대표에 대한 불만을 토로하게 됩니다. 피도 눈물도 없는 악덕 대표라고 말하면서 말이죠." (웃음)

"와, 그렇다는 것은 조직의 붕괴를 불러일으키는 장본인이 결국 대표라는 것이네요?"

"그렇습니다."

'모모타로'로 엿본
조직의 인간관계

저는 계속 질문을 이어갔습니다.

"그렇다면 그런 문제가 일어나는 메커니즘은 대체 무엇인가요? 좀
더 구체적으로 설명 부탁드려도 되겠습니까?"

"조금 전에 말씀드린 사내 쿠데타의 시기는 어떻게 예측이 된다고 보
시나요? 그것을 예측하기 위해서는 회사의 조직이 어떤 메커니즘으로
움직이고 있는지 제대로 아는 것이 중요합니다. 우선 인간이 만드는 조
직의 형태가 갖추고 있는 기본적인 형태를 먼저 공부해보겠습니다.

사람을 모아 조직을 짜게 되면 그 조직이 어떤 형태의 조직이든 간에
4개의 역할을 고려하게 됩니다. 그 4개의 역할이라는 것은 ① 창업가(군
인), ② 실무자(마법사), ③ 관리자(관료), ④ 마무리 역할(통합자)입니다.

이 4개의 역할 중에서 누가 더 활약할 것인가는 사업의 생애주기에
따라 다릅니다. 회사가 이제 막 창업한 시기에는 창업가의 에너지가 필
요합니다. 창업가는 아이디어가 계속 솟구쳐서 마치 전진하는 군인처

럼 어떻게든 추진하는 인물입니다. 창조력, 실행력이 없으면 회사를 만드는 것조차 이루어질 수 없겠죠.

그런데 회사에는 창업가의 아이디어를 구체화해 나가는 인물이 필요합니다. 그것이 바로 실무자입니다. 무엇이든 바라는 게 있으면 실현시키는, 마치 마법사와도 같은 인물입니다. 군인이 "전차가 필요합니다"라고 말하면, 마법사는 "그래요. 알겠습니다" 하고 램프를 손으로 비벼 전차를 툭 튀어나오게 합니다. 창업가의 도전적인 에너지와 실무자의 실행하는 에너지가 협력하면, 회사는 성장기로 비로소 진입하게 됩니다. 이런 이유로 성장기 전반전의 시기에는 창업가와 실무자의 에너지가 활약하게 됩니다.

성장기의 후반전이 되면 어떻게 될까요? 이 시기에는 앞서 행하던 일이 시스템으로 구축이 되고, 내부에 룰이 정해지며, 일상의 루틴이 되어야 하므로 실무자(마법사)와 관리자(관료)의 에너지가 활약하게 됩니다. 이때 창업가는 일하면 안 됩니다. 이게 무슨 말일까요? 창업가는 계속 새로운 아이디어를 내고 싶어서 안달이 납니다. 하지만 기존의 아이디어를 회사의 시스템으로 이제 막 적용했는데, 또 새로운 아이디어를 창업가가 내버리면 곤란합니다. 이것은 마치 차체를 다 완성하기도 전에 액셀을 밟아 버리는 것과 같습니다. 그러면 차가 엉망으로 망가지는 것은 당연한 일이겠지요." (웃음)

"최후의 마무리 역할이라는 것은 대체 어떤 일을 하는 사람입니까?"

"이 역할을 하는 사람의 에너지가 약하면 회사는 금방 무너지게 되어 있습니다. 마무리 역할을 하는 사람들은 누구일까요? 우선 회사의 애인, 즉 윤활유 같은 사람들입니다. 친화력이 좋은 여성 직원들도 그 예에 해당하겠군요. 대표의 아내가 그런 역할을 하는 경우도 종종 있습니다.

여성이 회사에 없는 경우는 남성 직원 중에서 한 사람이 피에로 역할을 하기도 합니다. 그 사람이 하는 역할은 회사 내부의 분위기를 말랑하게 만드는 것입니다. 더 나아가서는 회사 문제의 희생양이 되기도 하고, 스스로 문제를 만들어 조직의 마무리를 무의식적으로 행하는 사람도 있을 수 있습니다. 이들은 자신을 희생해서 조직의 마무리를 이행하는 사람입니다. 그래서 **마무리 역할을 수행하는 사람은 사랑과 용기라는 양면을 다 가진 사람**이라고 볼 수 있죠(97페이지 참고)."

"음, 좀 어렵군요. 초등학생도 이해하기 쉽게 다시 설명 부탁드려도 될까요?"

"알겠습니다. 초등학생도 알기 쉽게 매니지먼트의 본질을 이야기해 보겠습니다.

옛날 전래동화 중에서 '모모타로'라는 이야기를 알고 계실 것입니다.

"♪모모타로상, 모모타로상. 허리에 둘러맨 수수경단 하나 저한테 주세요.♪"

회사를 만들어나가는 과정은 사실 '모모타로'의 내용 그대로입니다.

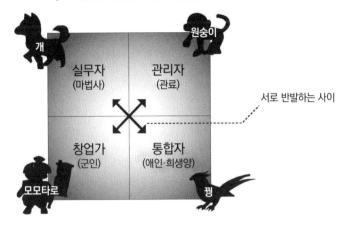

| 조직을 움직이는 4개의 역할 |

실무자
(마법사)

관리자
(관료)

창업가
(군인)

통합자
(애인·희생양)

서로 반발하는 사이

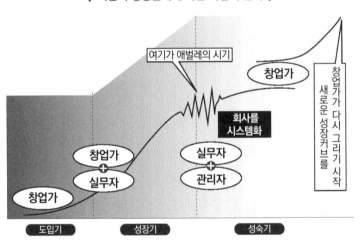

| 기업의 성장단계에 따른 역할의 변화 |

여기가 애벌레의 시기

창업가

회사를
시스템화

창업가가 다시 그리기 시작 새로운 성장커브를

창업가
+
실무자

실무자
+
관리자

창업가

도입기   성장기   성숙기

동화의 주인공 모모타로는 귀신이 사는 귀신 섬으로 귀신을 퇴치하러 가야겠다는 아이디어를 떠올립니다. 아이디어를 떠올린 모모타로는 창업가입니다.

모모타로가 모험을 떠나 길을 걸어가고 있는데, 개 한 마리가 나타나 함께 귀신 퇴치에 동참하겠다고 따라나섭니다. 동참한 개는 바로 실무자에 해당합니다. 개는 주인에게 충성을 맹세합니다. 그런데 주인이 너무 제멋대로 하면 주인의 손을 콱 무는 경우도 있습니다. (웃음)

그다음으로 원숭이가 귀신 퇴치에 합류합니다. 원숭이는 지혜로운 동물입니다. 회사에서는 관리자에 해당합니다. 직원들의 행동계획을 만들어내고, 회사의 시스템을 구축하는 것이 관리자의 역할이니까요. 마지막으로 꿩이 합류합니다. 꿩은 용기를 상징한다고 하네요. 용기는 사랑이 없으면 이루기 힘든 가치입니다. 용기와 사랑이라는 가치를 가지고 있는 꿩은 조직의 전원을 포괄할 수 있습니다. 그래서 마무리 역할을 충실히 수행해낼 수 있는 것이죠.

모모타로의 스토리를 요약하자면, 창업가인 모모타로가 귀신을 퇴치하려는 미션을 수행하기 위해 실무자, 관리자, 마무리 역할을 만나 최종적으로는 보물을 쟁취하고 돌아온다는 것이 주된 이야기의 흐름입니다. 회사도 마찬가지입니다. 모모타로의 스토리와 비슷하게 흘러갑니다. 각자 맡은 역할에 따라 조직이 성장해나갑니다.

일반적으로 많은 기업이 이 모모타로의 시나리오대로 움직이고 있지만, 정작 그 사실을 알고 있는 사람은 없습니다. 그래서 그 누구도 경고의 신호를 알아채지 못하고, 적절한 대처도 하지 못한 채 매번 똑같은 함정에 빠지게 되는 것입니다."

"그 말씀은 대표는 회사가 성장기에서 성숙기에 접어드는 시점에 조직을 시스템화하지 않으면 안 된다는 말씀인가요? 그렇게 하지 않으면 성숙기에 여러 장애물을 만날 수 있다는 말씀이신 거죠?"

"네. 맞습니다. 그렇게 해서 시스템화를 완료해놓는 사이, 그 문제는 더 심화될 수 있습니다. 여기서 어려운 문제는 사실 이 타이밍에는 매출의 상승을 희생해서라도 회사의 시스템화에 좀 더 주력하지 않으면 안된다는 것입니다."

"모모타로가 귀신을 퇴치하고 보물을 획득한다는 것을 기업에 대입해보면, 적과 싸우는 미션을 수행해 이익을 얻는다는 것과 같은 이야기겠군요."

"그렇습니다. 모모타로의 이야기는 사실 회사 경영을 잘하기 위한 가르침과 같습니다."

4개의 역할이 잘 돌아가는 회사,
그렇지 않은 회사

저는 계속 질문을 이어갔습니다.

"전체의 흐름은 이해됐습니다. 그런데 이 패턴에 들어맞지 않는 회사도 많지 않을까요?"

"그렇습니다. 다음의 두 경우가 있을 수 있습니다."

"우선 첫 번째 경우를 말씀드리죠. 실무자가 창업가에게 쿠데타를 일으키지 않고서야 조직 내부에서 **창업가의 독주를 막을 사람은 아무도 없습니다.** 그런데 이렇게 되면 회사는 시간이 흘러도 시스템화를 이루어낼 수가 없습니다. 회사의 상품, 서비스의 준비가 저조한 상태에 머물게 됩니다. 결코 성숙기에 진입할 수가 없게 되는 것이죠.

종종 일어나는 예를 하나 들어보겠습니다. 연 매출 8억 엔이었던 회사가 있었습니다. '그래! 내년에는 연 매출 10억 엔 달성을 목표로 하자!' 하고 달려 나가는 순간, 문제가 발생해 그 회사는 연 매출 6억 엔으

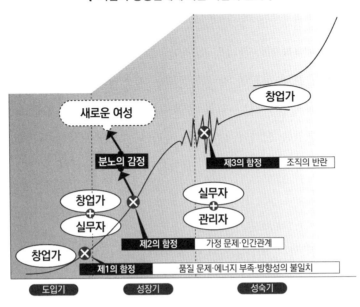

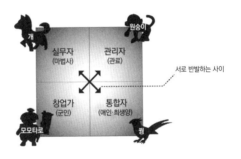

로 떨어졌습니다. 올라가면 내려가는 법이라고요? 하지만 그런 반복으로는 절대로 연 매출 10억 엔을 달성하는 기업이 될 수 없습니다. 이 회사의 특징은 경리와 대표의 불협화음이었습니다. 경리(관리자)는 규칙을 좋아했고, 혼란한 상황을 극도로 싫어했습니다. 반대로 창업가인 대표는 자유를 좋아하고, 혼란을 즐기는 편이었습니다. 서로 다른 기질을 가지고 있어서 둘은 회사에서 매번 부딪쳤습니다.

이렇게 될 경우 어떤 문제가 발생할까요? 창업가의 에너지가 너무 강해버리면 상대적으로 관리의 영역이 약해집니다. 관리하는 직원들의 힘이 약하다 보니 시간이 지나도 조직은 시스템화되지 않습니다. 회사는 기업이 되지 못하고, 가업의 상태로 계속 머물게 되는 것이죠. 카리스마 있는 대표는 회사가 창업하는 시기에는 크게 도움이 되지만, 2대째의 후계자가 활약하는 시기가 찾아오면 솔직히 불편한 존재가 되어버립니다."

"다른 두 번째의 경우는 어떤 것입니까?"

"두 번째의 경우는 실무자와 관리자의 힘이 서로 너무 강한 경우입니다. 이때는 창업가가 당해내지 못합니다. 문득 그 상황을 뒤늦게 깨달았을 때는 회사를 이미 빼앗긴 상황일 때도 있습니다.

회사를 빼앗기게 된다면 창업가는 어떻게 될까요? 빼앗은 쪽과 계약이 제대로 성사된 경우, 창업가는 스스로 회사를 나가는 선택을 할 수도 있습니다. 그런데 창업가는 왜 회사를 제 발로 나가는 것에 주저함이 없을까요? 그럴 수 있는 이유는 바닥부터 시작해서 다시 새로운 회사를 만들겠다는 생각으로 미련을 털어냈기 때문입니다. 이때 회사에 남아 있는 사람은 실무자와 관리자입니다. 이 경우에는 회사의 시스템이나 규칙이 극도로 엄격해져서 조직의 경직화가 급속도로 진행됩니다."

"반대로 잘 흘러가는 패턴도 있지 않나요?"

"그런 경우는 대표가 앞서 설명한 조직 발전의 중요한 단계를 잘 인지하고 있는 경우입니다. 함정이 언제 찾아올지 알고 있는 대표는 함정이 찾아오기 전에 속도를 조절합니다. 가파르게 진행하고 있던 회사의 속도를 늦춰서 회사의 목적을 조직의 시스템화에 맞춥니다. 조직이 시스템화를 갖출 때까지 대표는 잠시 휴식하면서 놉니다. 그사이 회사는 조직의 시스템화를 완료하게 되고요.

대표가 놀고 있다고 해서 진짜로 놀고 있는 것은 아닙니다. 놀고 있는 대표는 새로운 아이디어를 떠올리게 되어 있습니다. 대표는 회사의 시스템화가 완료됐다는 것을 알고 다시 조직에 복귀합니다. 놀면서 새롭게 구상한 아이디어로 회사를 성장시킬 목적을 가지고 돌아오는 것이죠."

"와, 대표는 좋겠습니다. 노는 것이 정당화되니까요."

"그렇습니다. 흐름을 잘 타고 있는 회사는 열심히 일하고 또 열심히 놀면서 성장해나가니까요. 그런데 이런 흐름을 잘 타고 있지 않은 회사는 열심히 놀 여유가 없습니다. 그사이에 성숙기가 찾아오기 때문에 수익을 낼 수 있는 힘도, 조직을 끌어가는 힘도 없는 위험한 상황에 놓이게 됩니다."

"궁금한 것이 있습니다. 원래 조직에서 분열해 나간 새로운 라이벌 회사는 왜 잘되지 않는 것일까요?"

"그것은 말이죠. 분열해서 떨어져 나간 조직은 실무자와 관리자는 있지만 창업가는 없는 상태입니다. 즉, 창업가의 에너지가 없는 상태라는 것이죠. 그래서 새로운 것을 구상해내는 힘이 없습니다. 새로운 것을 창조하지 못하는 회사는 오래가지 못합니다. 붕괴되는 것은 시간 문제인 것이죠."

"잘 모르겠는 부분이 있는데요. 회사에는 4개의 역할이 꼭 필요하다고 말씀하셨습니다. 그런데 이런 경우가 있지 않나요. '우리 회사 직원은 2명뿐인데요?' 이렇게 말씀하시는 분들에게는 어떻게 설명하실 수 있나요?"

"4개의 역할이 있다고 해서 꼭 최소 4명의 직원이 필요하다는 것은 아닙니다. 그 역할은 단 한 사람이 수행하는 것도 가능합니다. 예를 들어 창업 초창기에는 대표 혼자 1인 다역을 해냅니다. 그러다 회사가 성장하면 대표가 수행했던 역할이 여러 사람에게 할당이 됩니다. 그런데 직원에게 역할 분담을 하게 되면 마찰이 커지게 되어 있습니다. 그동안 대표 혼자 모든 역할을 전담하면서 회사 일을 볼 때는 각 역할이 충돌을 일으켜도 대표가 알아서 수습하고 문제를 해결하면 됐습니다. 하지만 회사가 커지고 역할이 분담되면서 직원의 수가 늘어나게 되면, 그에 따라 갈등은 필연적으로 커지게 됩니다. 그 지점에서 문제를 수습하고 해결하는 통합 역할이 무척 중요해지는 것입니다."

"그렇다는 것은 통합하는 역할을 어느 부서에 심을 것인지가 중요하겠군요. 그리고 시스템화를 어떻게 진행할 것인지도요.”

“맞습니다. 그 과정이 수월하게 이루어진다면 그 어떤 회사도 가업에서 기업으로 도약하는 것이 가능해집니다.”

“그것은 정말 획기적인 일 아닌가요? 일본 내 법인회사 90%가 그게 수월하게 안 되기 때문에 영세기업 상태로 머무는 것이니까요.”

“그렇게 말씀해주시니 고맙습니다. 저도 획기적이라고 생각합니다. 그런데 고민이 있어요. 성장기에 문제를 경험한 기업에 근무를 해봤던 사람만 이해할 수 있는 이야기라는 것입니다. 제가 강조하고 싶은 점은 어떤 회사든 언젠가는 이런 딜레마를 겪는다는 점입니다. 아이들을 키우는 방법과 참 유사한데요. 만약 사춘기에 들어선 아이가 가정에서 폭력을 행사한다고 하면 그 아이의 문제는 언제부터 시작됐다고 보십니까?”

“아마도 유아기 때부터 아닐까요?”

“그렇습니다. 문제가 발생한 사춘기까지 기다려서 대처하기에는 너무 늦습니다. 그러므로 회사를 창업한 대표는 매니지먼트에 관한 지식을 창업할 때부터 가지고 있지 않으면 안 됩니다.
또한, 창업가가 경험하는 문제는 이것만 있는 게 아닙니다. 성장 커브에 따라서 큰 ‘함정’이 도사리고 있기 때문입니다. 그 함정은 비즈니스를 할 때만 생기는 문제가 아닙니다. 가정, 그리고 더 나아가서는 여타의 인간관계에서도 발견되곤 하죠."

"그것참 대단히 중요한 문제군요. 더 자세히 알려주십시오."

"그렇다면 성장 커브마다 창업가가 겪는 함정을 하나씩 알아보겠습니다."

'샐러리맨 같은' 것으로는
잘 안되는 이유

제1의 함정 : 도입기 → 품질 문제, 에너지 부족

"창업하는 모든 기업이 성공하는 것은 아닙니다. 성장궤도에 채 진입하기도 전에 거의 반 이상의 기업이 실패를 맛보곤 합니다. 아무리 비즈니스 아이디어가 훌륭해도 마찬가지입니다. 거기에는 커다란 이유 2가지가 있습니다.

첫 번째 이유는 '품질 문제'입니다. 두 번째 이유는 '적절한 소질을 갖춘 인재가 모이지 않는 것'입니다. 먼저 '품질 문제'부터 살펴볼까요?

예전에 저의 클라이언트 중 한 사람이 어떤 상품을 발견해 저에게 자문을 구해왔습니다. 그는 '이 상품은 될 거야!'라고 직감적으로 느끼고, 감정 마케팅을 사용해 고객들에게 직접 메일을 보냈습니다. 그랬더니 엄청난 반응이 쏟아졌습니다. 전국 제패까지 가능할 것이라고 보고 상품 매입을 본격화했지만, 안타깝게도 1년도 채 되지 않아서 그의 회사는 문을 닫고야 말았습니다.

당시의 저도 미숙한 상태였기 때문에 고객들의 반응만 보고 "계속 진행해봅시다!"라고 조언했습니다. 지금 다시 생각해봐도 괴로운 기억입니다. 도대체 어떤 일이 벌어졌길래 그런 일이 생겼던 것일까요?

상품을 막상 매입해보니 고객들의 반응은 달랐습니다. "애초에 기대했던 상품의 품질과 전혀 다르다"라는 게 주된 평가였죠. 문제는 제조사였습니다. 품질이 기대에 못 미쳤기 때문에 상품을 판매하는 일은 어려운 일이 되어버린 것이었죠. 결국 회사는 정리의 수순을 밟을 수밖에 없었습니다.

창업가는 이런 식의 액셀을 갑자기 밟는 성향이 있습니다. 특히 무언가 잘될 것 같은 순간에 그런 성향은 더욱 튀어나오게 됩니다."

"원래대로라면 차를 잘 만들어놓고 그 뒤에 시험주행을 해야 하는데 갑자기 전속력으로 달려버린 형국이로군요."

"맞습니다. 이번 함정은 잘만 신경을 써서 피했다면 충분히 피할 수 있었던 함정이었습니다."

"그러면 두 번째 이유인 '적절한 소질을 갖춘 인재가 모이지 않는다는 것'은 무엇인가요?"

"그것은 실무자의 힘이 부족하다는 것을 의미합니다. 창업가는 꿈을 말하는 천재라고 볼 수 있습니다. 반면에 현실을 직시하지 않으면 그냥 천재에 머무를 뿐입니다. 천재가 꾸는 꿈을 구체화해서 형태로 만들어내는 것이 실무자입니다. 물론 창업가가 무엇이든지 자기 스스로 다 해내는 시기가 분명 있습니다. 한 사람 속에 창업가와 실무자의 에너지가 함께 있는 경우도 있습니다.

여기서 제일 문제가 될 수 있는 경우는 창업가가 자신이 일으킨 본업을 넘어서서 신규 사업을 개시했을 경우입니다. 창업가는 자신의 부하 직원을 신규 사업의 중심에 세웁니다. 이 신규 사업이 제대로 일어서기 위해서는 그 사업에 목숨을 걸 정도로 각오를 한 사람이 필요합니다. 좀 더 구체적으로 말씀드리면, 신규 사업이 일어서기 위해서는 일주일이든, 한 달이든 회사에서 숙식하면서 버틸 수 있는 인물이 필요합니다.

그런데 이 지점에서 실패하는 것은 샐러리맨과 같은 방식으로 신규 사업을 일으키려는 사람을 중심에 세웠을 때입니다. 신규 사업을 구상한 회사의 대표는 본업으로 바빠서 그에게 이렇게 말합니다. "당신에게 모든 것을 맡기겠습니다"라고요. 이러면 대표도 어중간하고, 사업을 맡긴 부하직원도 어중간한 상태가 되고 맙니다. 이런 상태로는 신규 사업이 잘될 리가 없습니다. 목숨을 걸 정도로 열정을 가지고 뛰어드는 인물이 있느냐, 없느냐가 승패의 관건입니다.

신규 사업을 일으킨 시기에 새로운 사무실을 얻는 것도 좋지 않습니다. 어떤 대기업이 신규 사업을 출범했을 당시, 신규 사업을 위한 사무실은 그저 박스로 만든 책상밖에 없었다는 일화가 있습니다. 이를 통해 창업 시기의 비즈니스는 가난을 맛보는 게 미래를 위해서도 더 낫다는 것을 여실히 보여주고 있습니다."

"그럼 제1의 함정을 피하려면 어떻게 대처해야 할까요?"

"단순히 말씀드리면, 열심히 열정적으로 뛰어드는 직원을 신규 사업의 중심에 놓으면 됩니다. 사실 좀 더 좋은 방법이 있지만, 그에 대해서는 이번 장에서 설명하기보다 다음 장에서 더 자세히 언급하려고 합니다. 조금 더 기다려주세요."

왜 비즈니스의 성공은
가정의 위기를 불러올까?

제2의 함정 : 성장기 전반 → 가정 문제, 부부 문제

"창업하고 도입기를 지나 성장기에 겨우 도달하면 바로 다음 함정을 맞닥뜨리게 됩니다. 바로 가정의 문제입니다. 부부관계가 안 좋아진다든가, 자녀에게 문제가 발생한다든가 해서 경영자는 또 다른 함정에 빠지게 됩니다."

"뭐라고요? 비즈니스의 성공은 가정의 위기를 불러온다는 말씀인가요? 가정을 행복하게 하려고 비즈니스의 성공을 위해 달려왔는데 결과는 다르게 나타난다는 것입니까?"

"네. 확실히 말씀드리지만, 그 정도로 단순한 문제가 아닙니다."

"왜 비즈니스가 잘되기 시작할 때 가정에 문제가 생기는 것인가요?"

"상식적으로 생각하면 이렇습니다. 지금까지 빈곤하게 지냈던 가정은 사업이 성공하면서 풍요로워지면 부부관계가 행복해질 것이라는 기대감이 있습니다. 하지만 현실은 그렇지 않습니다. 빈곤했던 상황이 윤택하게 변하면 가정에 균열이 생기기 시작합니다. 이 상황을 논리적으로 다시 설명해보겠습니다.

인간은 모여 있을 때 감정의 균형을 취하려고 합니다. 좀 더 쉽게 말씀드리면, 초플러스 사고를 하는 사람이 있다면, 균형을 잡기 위해 초마이너스 사고를 하는 사람이 생깁니다. 그것은 엘리베이터가 올라갔을 때 지탱하는 추가 내려가는 것처럼, 팔을 들어 올릴 때 윗부분의 근육이 수축하면, 반대로 아래 근육이 이완하는 것과 같은 이치입니다. 이런 역학적인 균형은 가정에서도 물론 동일하게 적용됩니다.

회사에서 성공한 남편이 이렇게 말합니다. "오늘은 이런 일이 있었지 뭐야? 아주 기분 좋은 성과가 있었거든!" 그런데 부인은 영 시큰둥한 반응입니다. 남편의 성공을 기쁘게 받아들여야 할 부인의 감정은 예상과 다르게 흘러갑니다. 이성적으로는 남편의 성공을 함께 기뻐해야 한다고 생각합니다. 하지만 감정은 전혀 그렇지 않은 것이죠. '당신 혼자 좋아서 어쩔 줄 모르다니', '내가 집안일을 잘 돌보니까 밖에서 잘나가고 있는 것 아니야?'라고 섭섭한 감정을 가지게 됩니다. 말하자면 성공을 하면 할수록 파트너인 부인은 뭔지 모르게 '멀어지고 있다'라는 감정을 갖게 되는 것입니다.

부인은 남편이 아무리 기쁘고 즐거워도 '그 즐거움을 공유할 수 없는' 상태가 됩니다. 기쁨을 공유하지 않는 부인을 보고 남편은 어떤 생각을 하게 될까요? '이렇게 내가 열심히 일하고 있는데, 아내는 내가 하는 것을 전혀 인정하고 있지 않잖아?', '나는 방치하고 애들만 신경 쓰고 있군!' 이러면서 부인에 대한 노여움과 반감이 생기게 됩니다."

"지금까지 그런 관점으로 보지는 못했지만, 듣고 보니 그런 가정이 많은 것도 같습니다."

"거기에 문제가 더욱 복잡해지는 경우도 있습니다. 남편이 부인을 노여워하게 되면서 거기에 '새로운 여성이 불쑥 나타나는 일'이 벌어지고 마는 것입니다. 이것을 심리학적으로 설명해볼까요? 남편의 마음속 깊은 곳에 있는 여성성, 즉 아니마와 남성성인 아니무스가 비즈니스의 성공을 맛보게 되면서 확대됩니다. 즉, 확대한 여성성과 남성성에 부합하는 새로운 여성이 출현하게 되는 것이죠.

근데 굳이 이론적으로 설명하지 않아도 잘 아는 상황입니다. 여러분도 주변을 둘러보시면 쉽게 발견할 수 있는 상황들이죠. 성공한 경영자는 새로운 여성들과 마주할 기회가 예전보다 많아진다는 것은 기정사실이니까요.

전형적인 창업가의 경우, 그의 주변을 에워싸고 있는 여성은 주로 회사 내 직원인 경우가 많습니다. 이처럼 여성 직원과 사귀는 창업가가 상당히 많습니다. 당사자들은 감추고 쉬쉬하면서 만나고 있다고 생각하지만, 주변에서는 금방 눈치챌 정도로 명확하게 보입니다. 본인들만 정작 모르고 있죠. 그런 상황이 다행히도 재혼으로 이어지는 경우도 있지만, 엉망으로 치달으면서 직원의 마음이 상처투성이로 남는 경우도 있습니다."

"그렇다면 직원과 교제하는 것은 반대한다는 말씀이군요?"

"도덕적으로는 그렇습니다. 하지만 연애의 감정은 교통사고와 같은 것이니까요. 그런 관계를 넘어서 재혼하고 행복하게 살아가는 사람도 꽤 많습니다. 하지만 일시적으로 비즈니스가 정지할 위험성은 다분히 있겠죠. 연애 문제로 가정은 풍비박산이 나고, 그 와중에 비즈니스에 힘을 쏟을 수 있는지는 자기 자신이 판단할 문제입니다."

"자녀 문제는 어떻게 생각하십니까?"

"자녀가 있다면 문제는 더 복잡해집니다. 성장기에 있는 회사 경영자는 부부관계가 악화될 소지가 상당히 큽니다. 그 경영자 가정의 자녀들은 어떻게든 가정을 안전한 장소로 지키려고 무의식적으로 행동합니다. 즉, 부부의 애정을 회복시키기 위한 역할을 맡게 되는 것이죠.

좀 더 쉽게 말씀드리면, 자녀는 아주 모범적인 자녀, 또는 아주 문제를 일으키는 자녀가 됩니다. 자녀가 둘이 있는 가정을 예로 들어보겠습니다. 한 자녀는 모범적인 아이로, 또 다른 자녀는 문제아가 됩니다. 모범적인 자녀는 학교 성적을 잘 나오게 하거나, 부모의 말을 잘 듣는 것으로 부부의 신경을 집중시키려고 합니다.

다른 자녀도 모범적인 아이라면 그 가정은 문제가 없는 가정이 됩니다. 그런데 그렇게 하면 자녀에게 부부는 덜 신경 쓰게 됩니다. 그러므로 다른 한 자녀는 문제를 일으키는 자녀가 됩니다. 부모가 하는 말을 듣지 않거나, 학교에 가는 것을 거부하거나, 다치거나 병을 앓거나 해서 부부의 걱정을 늘립니다.

그런데 이 역할극이 변할 때가 있습니다. 한 아이의 병이 다 나으면 그다음에 멀쩡했던 다른 아이가 아픕니다. 문제아 자녀가 가출해서 집을 비우기라도 하면, 이번에는 집에 남아 있는 다른 자녀가 문제를 일으킵니다. 이런 식으로 역할을 서로 교환하면서 자녀들은 가정을 늘 비슷한 상황에 놓이도록 노력합니다.

물론 자녀들의 이런 행동은 어디까지나 무의식적으로 행해지는 것들입니다. 그래서 '자녀는 부부의 연을 잇는 꺾쇠'라고 정의합니다. 즉, 자녀는 부모의 부부관계를 좋게 유지하기 위한 카운슬러 역할을 무의식적으로 행하고 있다는 것이죠.

자녀의 역할에 대해 더 궁금하신 분들은 필히 사이토 마나부(斎藤学) 선생님의《어른·아이와 가정》을 읽어보시기를 권합니다."

"그러니까 자녀의 사고나 병은 부부관계에서 큰 영향을 받는다는 말씀이군요."

"모든 상황이 부부관계로부터 영향을 받는다고는 말씀드릴 수 없지만 무시할 수 없는 것만은 사실입니다. 자녀의 정신적인 병이나 불안한 감정 같은 것은 특히 더 그렇습니다. 어떤 선생님은 이렇게 말합니다. 자녀의 성적을 올리려면 부모를 교육하는 게 더 빠르다고요. 한 유치원 선생님은 훌륭한 자녀로 아이를 키우려면, 엄마가 정신적 안정을 취할 수 있도록 아빠가 8할의 노력을 기울여야 한다고도 했습니다."

"왜 이런 심각한 문제가 잘 알려지지 않았던 것인가요?"

"그것은 아마도 경영자와 그 가정의 연관성을 미처 생각하지 않았기 때문일 것입니다. 생각할 필요조차 없었던 것이죠. 특히 고도성장기에는 남편이 집을 오래 비워도 꾸준한 수입만 보장된다면, 아내와 자녀들은 행복할 것이라는 환상이 있었기 때문입니다. 그 환상으로 남편의 정년까지는 어떻게든 버텼습니다. 그런데 막상 정년이 되니 가정은 실제로 조금은 윤택한 삶을 살게 됐습니다. 하지만 마음은 풍요롭지 못했던 것이죠. 그 지점에서 황혼이혼이 발생하는 것입니다.

게다가 카리스마 있는 경영자들은 **회사 경영에서만 카리스마가 있을 뿐, 가정을 파탄에 이르게 할 정도로 가정 문제는 엉망인 경우가 많습니다.** 왜 그렇게 되는지는 앞서 설명한 규칙이 그대로 적용됩니다. 가정에서 한 사람이 플러스로 향하면, 다른 한 사람은 마이너스로 향하는 것이죠.

아무리 카리스마 넘치는 경영자라 할지라도 이런 치부는 쉽게 밝히기가 어렵습니다. 언론에서도 잘 다루지 않는 내용들이죠. 잘나가는 경영자의 밝은 면만 부각할 줄 알지, 이면에 그림자가 있다는 것을 아무도 이야기하지 않습니다."

"그 함정을 피할 방법은 없습니까?"

"안타깝지만 함정을 피할 방법이 과연 있느냐는 질문에는 저도 쉽게 답을 드릴 수가 없네요. 높은 산이 있다면 그 옆에 움푹 팬 계곡이 있습니다. 산과 계곡이 공존하고 있는데 어느 한쪽을 사라지게 할 수는 없습니다. 다만 산과 계곡을 잘 오르내리는 방법은 알아낼 수가 있을 것입니다.

저는 굴곡이 없는 인생이 꼭 좋다고만 여기지는 않습니다. 경우에 따라서는 **장애물을 향해 스스로 전진하는 것도 중요하다고** 생각합니다. 하지만 이렇게는 생각하고 있죠. 저 자신은 장애물이 두렵지 않지만, 가족들까지 함께 경험하게 하는 것은 좀 꺼려집니다. 그런 의미에서 **지식을 갖추는 것이야말로 위기를 이겨내는 힘이** 됩니다. 즉, 이런 형태로 전개될 수 있는 것이죠. 만약 제가 사회에서 성공했을 때 마음속 깊이 아내 입장을 생각합니다. '나의 성공은 우리 아내 덕분이야' 이렇게 생각하는 것만으로도 함정에 빠질 수 있는 상황이 크게 변화할 수 있습니다."

당신의 문제가
손자에게까지 이어진다

"그 말씀은 지식을 갖추는 것만으로 문제가 해결될 수 있다는 것인가요?"

"물론 문제를 해결하기 쉬워진다고 봅니다. 그리고 이런 감정의 메커니즘을 제대로 인지하고 있지 않다면, 문제 해결은 거의 불가능하다고 생각합니다. 대부분 가정은 왜 이런 문제들을 안고 있는지 알지도 못한 채 죽음으로 해체됩니다. 그만큼 문제의 뿌리는 생각보다 깊습니다. 가혹하게 들릴 수 있지만, 이 고민은 한 세대에서 그치는 것이 아니라 다음 세대를 거쳐 그다음 세대까지 이어져 나갑니다. 즉, 여러분 세대의 문제가 자녀, 그리고 손자에게까지 미치게 된다는 것이죠."

"가족이 안고 있는 문제가 유전된다는 말씀인가요?"

"네. 그렇습니다. 경영자 입장에서 말씀드려보겠습니다. 다음의 도표는 사이토 마나부 선생님의 《어른·아이와 가정》에 나오는 표를 참고로 제가 경영 상담을 하던 와중에 나온 실제 예를 접목해 그려낸 것입니다.

표의 원형은 알코올 중독증을 앓고 있는 가족을 모델로 그려졌습니다. 거기에 저의 상담 사례 경험을 토대로 알코올 중독증을 '일 중독증'으로 바꿔봤는데 비슷하게 적용되는 것을 알 수 있습니다. 사각형은 남성, 원형은 여성, 검정 원형은 '일 중독증'을 나타냅니다.

| 다음 세대로 계속 이어지는 일 중독증 |

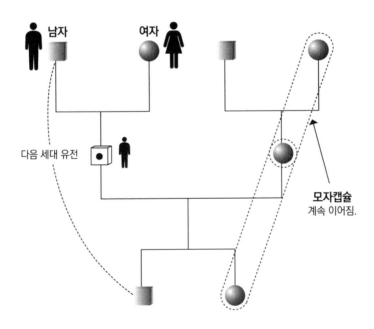

일 중독증에 걸린 남성을 아버지로 둔 자녀는 어떤 성향을 보일까요? 일단 자기 자신에 대한 평가가 낮고 매사가 즐겁지 않습니다. 마음 편히 놀 수가 없고 표정이 풍부하지 않습니다. 즐겁지 않은데 즐거운 척을 합니다. 화가 나 있는 상태인데도 불구하고 아무렇지 않은 척을 합니다. 다른 사람이 칭찬을 해줘도 자신은 무가치한 사람이라고 여깁니다.

이런 이유로 창업가 아니면 카리스마가 넘치는 경영자를 아버지로 둔 자녀는 꽤 고달픈 삶을 살게 됩니다. 그런 경우의 아버지는 자기 자신에게 엄격한 잣대를 지니고 있습니다. 당연히 아들에게도 그 잣대가 똑같이 적용됩니다. 그러한 영향으로 아들은 스스로 가치가 없는 사람, 안 되는 사람이라는 의식을 어렸을 때부터 가지게 됩니다. 창업가 또는 경영가 아버지들은 왜 그렇게 자식들을 엄하게 다그칠까요? 행여 자식이 자신의 능력을 초월하게 되면 자신의 가치가 없다는 것이 명확해지기 때문입니다. 그들은 자식들, 아니면 부하직원, 아내 등을 자신에게 의존하게 만듦으로써 겨우 마음의 안정감을 느낄 수 있습니다.

창업 경영자들은 자신들 마음의 위안을 위해 주변을 의존하게 하지만, 정작 의존해야 하는 사람들은 큰일입니다. 이것이 전형적으로 나아가면 2대 경영자에게 문제가 발생합니다. 창업가는 2대 경영자에게 "너는 아직 부족해"라고 말하며 계속 의존하게 만드는 성향이 있습니다. 창업가가 그렇게 행동하면 그와 함께 회사를 일군 주변 사람들도 2대 경영자에게 "너는 아직도 멀었어", "풋내기 경영자"라고 하며 편승합니다."

"거기에 '2대 경영자의 비극'이 도사리고 있군요. 그 상황은 중간관리자에게도 똑같이 적용되는 것 아닌가요?"

"그렇습니다. 2대 경영자이든, 중간관리자든 창업 경영자보다 훨씬 우수하지 않으면 살아남을 수가 없습니다. 창업가는 앞만 보고 달리는 경향이 있습니다. 그러면 회사 현장은 혼란에 빠지게 됩니다. 그 혼란한 불을 끄는 것이 2대 경영자 아니면 중간관리자의 역할입니다. 그들은 창업가의 뒤를 수습하다가 늘 정신적으로 지쳐 있는 상태에 놓이게 됩니다. 꽤 팍팍한 일상이 지속되는 것이죠.

2대 경영자는 퇴근하고 집에 돌아가서도 피곤합니다. 집에서 기다리고 있는 부인이 그를 신뢰하지 않기 때문입니다. 자녀들도 '할아버지는 대단한 분인데, 우리 아버지는 그렇지 않아'라고 생각합니다. 그러므로 2대 경영자에게 회사나 집, 둘 다 편안한 곳이 되지 못합니다. 그러면 2대 경영자는 마음의 위안을 얻기 위한 유일한 방법, 놀이를 선택합니다. 골프를 치러 다닌다든가, 애인을 두려고 합니다. 3대 후계자는 그런 아버지를 곁에서 보고 자랐기 때문에 아버지처럼 살다가는 답이 없다는 결론을 내리게 됩니다. 할아버지의 우수한 자질을 이어받아서 일 중독증에 빠지게 됩니다. 즉, **일 중독증은 남성의 경우, 한 세대를 건너서 유전**되는 경향이 있습니다."

"그러면 여성 경영자는 어떤 경향을 보입니까?"

"여성 경영자는 다음 세대에 바로 이어서 유전되는 경향이 더 많습니다. 주변을 봐도 어머니가 유능한 경영자면, 그 딸도 대단한 실력을 발휘하는 경우가 많습니다. 그런데 어느 쪽을 봐도 둘 다 일 중독증입니다. 그러다 결혼이라도 하게 되면 희한하게 생활력이 없는 남성과 하게 됩니다. 왜 그럴까요? '저 사람은 능력이 없으니까 내가 없으면 안 돼' 이렇게 자신에게 의존할 남성이 아니면 사랑에 빠지지 않기 때문입니다.

유능한 여성 경영자와 결혼한 남성은 계속 그 여성에게 의존함으로써 점점 더 무능력한 남자가 됩니다. '엄마처럼 결혼에 실패하고 싶지 않아'라고 생각하고 있던 딸은 알게 모르게 자신의 어머니와 비슷한 행동을 하게 되는 것이죠."

'받아들이기'가
새로운 길을 만든다?

"가정 문제는 정말 뿌리가 깊네요. 그밖에 다른 함정은 없습니까?"

제3의 함정 : 성장기 후반~성숙기 → 조직의 반란

"소개가 좀 뒤로 밀리긴 했지만《회사 조직이 붕괴하는 타이밍》에 적혀 있는 '조직의 반란'이 제3의 함정입니다. 회사가 새로 탈바꿈하지 않으면 안 되는 시기, 즉 '애벌레'의 시기에 발생하는 조직의 붕괴에 대해 말씀드리겠습니다.

이 지점에서는 '회사 내부의 4개 역할'을 꼭 알고 있어야 합니다. 가업이 기업으로 나아가기 위한 매니지먼트의 가장 중요한 시점입니다. 따라서 다시 한번 각 역할에 대해 충분히 이해하고 넘어갈 필요가 있습니다."

"성장 커브마다 함정이 있다는 것을 알고 나니까 이런 생각이 드는군요. 경영자가 독자적인 판단으로 독립적인 경영을 하는 것이 사실은 큰 흐름 속에서 움직이는 작은 배와 같다는 생각 말입니다."

"확실히 대부분 경영자는 스스로 자기 인생을 개척하고 있다고 생각합니다. 그런데 사실은 **전형적인 패턴에 의해 움직이고 있을 뿐입니다.** 여기서 중요한 것은 그런데도 우리가 **운명에 지배받고 있지만은 않다**는 것입니다. 우리는 각자 스스로 인생을 결정합니다. 자기가 몰고 있는 배가 끝까지 순항하기 위해서라도 큰 흐름을 알고 있지 않으면 안 되겠죠. **패턴을 알고 있으면 패턴을 초월하는 것이 가능**해집니다. 저는 이것이 지식의 힘이라고 생각하고 있습니다."

"이런 '함정'을 피하기 위해서는 어떻게 하면 좋을까요?"

"함정을 피할 수는 없습니다. 피할 수는 없지만, 장애물을 '뛰어넘는 것'은 가능합니다. 우리가 할 수 있는 일은 장애물을 피하는 것이 아닙니다. 눈앞의 장애물을 받아들이고 뛰어넘는 방법을 연마하는 것입니다. 장애물을 극복하는 열쇠를 습득하게 되면 **회사의 성장단계에서 적절한 인재 에너지를 사용**할 수 있게 됩니다."

"회사에 필요한 인재 에너지의 순번은 모모타로의 이야기에서 나오는 캐릭터들의 등장 순서와 같다는 것이로군요."

"그렇습니다. 먼저 창업가인 모모타로가 귀신 퇴치라는 아이디어를 떠올립니다. 거기에 협력하는 충견이 실무자입니다. 실무자는 창업가의 오른팔이라고 종종 불립니다. 오른팔을 영어로 표현하면 똑같이 라이트 핸드맨(Right Hand Man)입니다. 그 말의 유래는 **엉덩이를 닦아주는 손**입니다. 창업가의 뒤를 닦아주는 역할을 하는 것이 실무자인 셈입니다." (웃음)

"하하하! 이런, 엉덩이를 닦아주는 손이라뇨. 표현은 썩 유쾌하지는 않지만 확실한 표현이네요."

"모모타로와 개가 만나게 되면 제1의 함정을 탈출해서 성장기에 진입할 수 있게 됩니다. 성장기에 이르면, 이번에는 사무를 담당하는 관리의 역할이 중요해집니다. 그러면 지혜의 상징인 원숭이를 만나게 되는 것이죠. 원숭이 역할은 회사의 시스템화를 만드는 것입니다. 시스템화를 하기 위해서는 뒤에서 설명을 다시 드리겠지만, 회사의 중심축이 모인 상태여야 합니다. 이 지점에서 통합 역할을 수행하는 꿩이 필요합니다.

원숭이와 꿩이 협력하면 회사의 시스템화는 순조롭게 이루어집니다. 제3의 함정도 뛰어넘는 것이 가능해집니다. 귀신을 퇴치하는 데 성공한 주인공들은 보물을 손에 쥐고 비로소 고향으로 돌아갈 수 있게 되는 것이죠."

"잠깐만요. 첫 번째와 세 번째 함정을 극복하는 방법은 잘 알겠습니다. 그런데 두 번째 함정인 가정 문제는 어떻게 극복해야 합니까?"

"모모타로는 결혼하지 않았기 때문에 가정 문제가 발생하지 않았습니다. (웃음) 만약 모모타로가 결혼했다면 부인을 치하하면서 정신적인 지지를 받았을 것입니다. 그렇게 되면 모모타로의 자녀들도 정신적인 안정감을 얻어 병에 걸리지도 않고, 학교에 안 가는 일도 없이 좋은 가정을 이루었을 것입니다."

"그런데 말입니다. 회사가 정신없이 바쁜 상태에서 경영자가 부인을 얼마나 챙기고 치하할 수 있을까요?"

"맞습니다. 저도 경험한 바가 있지만, 솔직히 말씀드리면 쉽지 않은 문제입니다. 사업을 일으키려면 대단한 에너지가 필요합니다. 그것은 마치 갓난아기를 키우는 것과 같습니다. 24시간 하루 종일 눈에 불을 켜고 지켜봐야 겨우 일어설 수 있습니다.

그런데 그 단계에서 가정에도 신경을 쓰려면 부인(지지자)의 협력이 꼭 필요합니다. 훌륭한 기업을 이끌어가는 경영자들의 부인들은 대체로 멘탈이 강합니다. 또 넓은 시야로 세상을 바라보는 능력을 갖추고 있죠.

그래서일까요? 성공한 사람의 부인을 만나면 확실히 다릅니다. 솔직히 말해서 창업가보다 더 훌륭한 부인들도 상당히 많고요. 창업가가 기업을 잘 세운 다음, 갑자기 사망하는 경우가 있지 않습니까? 그러면 슬픔에 잠겼던 부인이 어느 날 다음 사장으로 취임합니다. 물론 주변에서는 우려 섞인 반응을 보입니다. '사모님이 갑자기 대표가 되시다니, 회사의 미래는 괜찮은 것일까?' 이렇게 걱정하지만 기우일 뿐입니다. 남편이 죽고 부인이 대표로 취임하면서 갑자기 회사가 더 성장하는 사례도 꽤 많기 때문입니다."

"경영자가 지지자를 치하하지 않는 경우에는 어떻게 가정 문제를 해결해야 합니까?"

"한 가지 방법이 있습니다. 인생의 생애주기에서 가정에서 가장 중요한 시기, 즉 자녀가 어린 시기에는 가급적 일을 줄이는 것입니다. 그렇게 인생 설계를 미리 하는 것이죠. 자녀가 태어나기 전까지 회사의 시스템을 될 수 있는 한 만들어놓습니다. 아니면 재산을 미리 불려놓습니다. 상당히 이상적인 이야기인데, 현실적으로 그렇게 미리 대비하는 사람은 별로 없습니다.

또 한 가지 방법은 '문제가 생기면 어때?'라는 마음으로 그냥 인정하고 받아들이는 것입니다. 문제가 생기면 그것 또한 내 인생에서 필요한 과정이라고 인정하고, 그 문제를 해결하려는 용기를 갖는 것이죠."

"받아들이기요? 경영 컨설턴트이시니까 하실 수 있는 말씀이네요."
(웃음)

"네. 인생은 다양한 모순을 안고 있습니다. 모순이 있으므로 인간은 성장하기 위해 장애물을 만나 과제를 제출합니다. 그 과제를 제출하기 위해서는 자기 스스로 선택하는 것이 중요합니다. 일을 중시하는 인생을 선택할 것인지, 가정을 중시하는 인생을 선택할 것인지, 아니면 일과 가정의 균형을 모두 중시하는 생활을 선택할 것인지를 말이죠.

거기에 완벽주의는 필요 없습니다. 문제를 완벽하게 뛰어넘으려는 것은 오히려 부자연스럽습니다. 과거 불교에서는 스님이 수계를 인정받기 위해 문제를 풀어야 했습니다. 그런데 백점 만점을 받으면 오히려 탈락이었다고 합니다. 완벽은 다시 원점이었던 것이죠."

제3장

조직이 안정적으로
성장하기 위한 방법

• • •

앞 장에 이어서 '칸자키 히로시 선생님'의 강의가 계속 이어집니다.
이번 장에서 다룰 내용은 '조직의 문제·해결 편'입니다.
'바보를 양산하는 시스템'이란 무엇일까요?
'직원의 등줄기에 전류를 흐르게 해서 쭈뼛쭈뼛하게 만들기'는 뭘까요?
'매니저의 정의'는 또 무엇일까요?
그리고 '회사와 직원을 동시에 행복하게 만드는 시스템'은 도대체 뭘까요?

조직의 지속적인 성장 열쇠를
쥐고 있는 '꿩'

"기업의 경영자라면 누구나 균형감 있는 안정적인 성장을 희망합니다. 그것을 실현하려면 어떻게 해야 할까요?"

"회사가 순조롭게 성장만 한다면 가정에도 별문제가 생기지 않을 것입니다. 그 지점에서 다시 한번 질문이 생기는 것이죠. 어떻게 하면 회사를 순조롭게 성장시킬 수 있는가? 기본적인 질문으로 돌아가는 것입니다.

조직을 분열시키지 않고 지속적인 성장을 이루어내는 기업으로 성장시키려면, 모모타로에서 제일 마지막에 나오는 꿩 역할이 아주 중요합니다. 꿩은 사랑과 용기의 상징인 것은 익히 아실 테고요. 꿩은 '마무리 역할'입니다. 마무리 역할을 잘 키울 수 있다면, 그 회사는 분열 없이 소통이 원활한 회사로 발전할 수 있습니다. 하나의 회사를 크게 만들 수도 있고, 다른 한편으로는 한 사람이 복수의 회사를 경영하는 것도 가능해집니다. 그러다 보면 어느새 단순한 대표라는 인식보다 비즈니스 오너로서 활약하는 역량이 경영자의 몸에 습득됩니다.

작은 규모의 회사에서는 마무리 역할을 주로 대표의 부인, 또는 사내에서 나이가 젊은 여성이 맡는 경우가 많습니다. 뭔가 치유의 힘이 있는 듯한 친절하고 귀여운 스타일이 주로 담당합니다. 대표가 아무리 독단적으로 달려 나가도 이런 여성들이 나서서 직원들의 사기를 북돋아주고 다독거리면 회사는 잘 돌아갑니다. 그런데 이런 마무리 역할을 담당하는 직원이 없으면 사내 분위기는 험악해집니다. 회사가 즐겁지 않은데 능률이 오를 리는 만무하겠죠."

"그 마무리 역할은 회사의 어느 단계에서 필요한 것입니까?"

"회사의 창업 시기에는 마무리 역할이 따로 필요하지는 않습니다. 대표가 1인 다역을 수행하고 있기 때문이죠. 한 인물에 여러 역할이 한꺼번에 들어가 있는 셈입니다. 어떤 때는 창업가가 되기도 하고, 어떤 때는 실무자가 되기도 합니다. 또 어느 상황에서는 관리자가 되기도 하죠. 한 사람이 그때그때 상황에 맞춰서 다양한 역할을 수행하는 것입니다.

그런데 이 시기에는 딱히 마무리 역할이 할 게 없습니다. 왜냐하면 대표 혼자 모든 것을 결정하고 있어서 대표 자신이 마무리 역할을 합니다. 그러다 회사가 점점 몸집을 불리면서부터는 대표 혼자 모든 것을 수행할 수 없게 됩니다. 그때는 모모타로처럼 개나 원숭이를 회사에 영입하게 되는데, 이 둘의 성질은 전혀 다르고 역할도 각자 다릅니다. 개나 원숭이 역할을 하는 사람은 각자의 사고와 이익관계에 맞춰 맡은 바 업무를 잘하기 위해 자기주장을 펼치기 시작합니다. 그러면 당연하게도 서로 대립하게 됩니다.

이렇게 직원들이 각자 다른 목표를 가진 상태에서 회사의 성장 속도가 가속화되면 어떤 일이 벌어지게 될까요? 이는 마치 자동차가 액셀을 밟는 순간, 핸들, 엔진, 타이어가 각자 따로 노는 격이 됩니다. 속도를 올려도 차가 망가지지 않기 위해서는 각각의 부품, 즉 역할을 맡은 사람들을 확실히 정리하는 마무리 역할이 필요하게 되는 것이죠. 따라서 회사가 잘되어서 그 성장 속도가 점점 빨라지면 빨라질수록 마무리 역할의 위치도 그에 따라 중요해지는 것입니다."

뇌의 메커니즘에 들어맞는
인간개조법

"그러면 마무리 역할을 잘 성장시키려면 어떤 방법을 써야 합니까?"

"회사가 작은 규모의 조직 형태라면 대표의 부인이나 여성 직원들이 그 역할을 무리 없이 수행할 수 있습니다. 그런데 회사의 조직이 점점 커지면 커질수록 여성이 품고 있는 매력만으로는 부족해집니다. 더구나 그런 여성들을 사내 부서에서 서로 차지하겠다고 달려들면, 회사는 더 분열 상태에 빠지게 됩니다.

조직이 커지면 마무리 역할을 잘할 수 있는 '감정 지수(EQ)'가 높은 사람이 필요합니다. 감정 지수가 높은 사람은 감정을 공유하는 것에 능숙한 사람입니다. 지능 지수(IQ), 즉 지적으로 합리적인 사고가 가능한 것만으로는 충분하지 않습니다. 조직이 커졌을 때는 고객이나 동료의 감정을 빨리 알아차리는 매니저가 필요합니다.

좀 더 쉽게 말씀드려볼까요? 감정 지수가 높은 매니저는 인격이 높은 매니저입니다. 당연히 부하직원으로부터 존경받는 상사가 그 회사에 존재한다면, 회사는 언제나 평온한 상태를 유지합니다. 그렇다면 문제는 그런 존경받는 상사를 어떻게 육성하느냐입니다."

"인격이라는 것이 키워질 수 있는 것일까요? 그냥 인격이 준비된 사람을 채용하는 것이 빠른 길 아닐까요?"

"저도 그렇게 생각합니다. 부하직원을 성장시키는 것을 포기한 대표는 이렇게 생각합니다. '어디 좋은 인재는 없나?' 하면서 주변을 찾기 시작하죠. 결론부터 말씀드리면 그런 좋은 인재를 찾기란 하늘의 별 따기입니다. 그만큼 어렵다는 것이죠. 직원은 그 회사의 대표 수준에 맞는 사람들만 들어오게 되어 있습니다. 대표가 가지고 있는 과제를 해결하기 위한 직원들이 그 회사에 모여드는 것입니다.

회사가 가업에서 기업으로 한 단계 진화하려면, 조직의 시스템화가 중요하다고 앞서 말씀드렸습니다. 그 이야기는 반대로 회사의 시스템화가 필요하다고 깨닫게 만드는 직원, 예를 들면 실수투성이 직원, 자꾸 병가를 내는 직원들이 회사에 모여들었다는 것을 증명하는 것이기도 합니다. 이렇게 마이너스를 회사에 안겨주는 직원이 존재할수록 그것을 해결한 회사는 성장이 가속화되는 것입니다."

"그 말씀은 가업이 기업으로 변화하기 위한 조건은 회사에 사람을 키울 수 있는 짜임새가 있느냐, 없느냐이군요."

"그렇습니다. 회사 내에 중간관리자를 키울 수 있는 짜임새가 있다면 그 회사는 비약적으로 성장할 수 있습니다."

"그렇게 하기 위한 가장 중요한 조건이 사람의 마음을 읽어내고 행동으로 옮길 수 있는 인격을 갖추는 것이라면, 그 인격을 높일 방법은 무엇일까요?"

"회사 운영에 필요한 높은 인격은 매커니컬(mechanical), 즉 기계적으로 어느 정도 만들어낼 수 있다고 봅니다. 실제로 이것이 가능해지면 아주 좋습니다. 왜냐하면 일상적인 업무를 수행하면서 인격도 기를 수 있기 때문입니다. 이렇게 이상적인 가르침은 없습니다. 존경받을 수 있는 상사를 기르려면 어떻게 해야 할지, 게다가 그것을 효율적으로, 단기간에 이루려면 무엇을 해야 할지를 알려드리는 것입니다.

인격을 높이려면 어떻게 해야 할까요? 뇌의 구조를 이해하면 그 방법을 쉽게 찾을 수 있습니다. 뇌에는 학습을 담당하는 부분이 두 군데 있습니다. 논리, 도덕, 가치관, 행동 기준과 같은 정신적 부분의 학습을 담당하는 곳은 '대뇌변연계'입니다. 대뇌변연계는 대뇌피질과 간뇌 사이경계에 위치한 부위로 주로 감정을 느끼는 곳입니다.

다른 한 곳은 '대뇌신피질'입니다. 대뇌변연계와 달리 주로 지식을 학습하는 데 사용되는 뇌입니다. 예를 들면, 경영을 할 때 현재 가격은 어떻게 산정할 것인지, 수익구조는 어떻게 계산할 것인지 등 지식에 해당하는 영역을 담당합니다. 요약하자면, 학습의 내용에 따라 뇌의 어느 부분을 활용하는지가 달라진다는 이야기입니다.

《EQ 리더십》에 따르면, 대뇌변연계는 대뇌신피질보다 학습을 수행하는 속도가 느리다고 합니다. 그러므로 감정을 느끼는 뇌는 자꾸 반복학습을 해야 합니다. 그 말은 논리나 도덕, 가치관, 행동 기준 등 매니저가 갖춰야 할 학습 항목은 반복적으로 익혀야 얻을 수 있다는 말이 됩니다. 똑같은 것을 자꾸 반복해서 익혀야 합니다. 그렇게 하지 않으면 가치관이나 행동 기준은 몸에 익숙해지지 않습니다."

"확실히 이런 말이 있긴 하죠. '적어도 일곱 번을 말하지 않으면 직원은 생각하지 않는다'라고요. 그만큼 가치관, 행동 기준을 얻기 위한 학습은 시간이 걸리는 것이군요."

"그만큼 시간이 걸리는 일이기 때문에 대부분 대표는 부하직원의 교육을 포기하고 맙니다. 그 대신, 어디 좋은 인재가 없는지 자꾸 두리번거리게 되는 것이죠."

"성공한 경영자는 어떻게 중간관리자를 육성하고 있는 것일까요?"

"첫 번째로 많은 경우는 업무 중이든, 업무 외의 시간이든 대표가 계속 시간을 활용해서 지도하는 경우입니다. '이봐, 자네. 그렇게 해서는 안 되네' 이런 식으로 애정과 잔소리를 섞어가며 부하직원을 가르치는 것이죠. 회식 자리에서 적극적으로 교육하기도 합니다. 그러는 사이 대표가 가지고 있는 사고가 직원에게 전달됩니다. 전달받은 직원 중에서 재능이 있는 사람이 매니저가 되고, 그 매니저는 다시 다른 부하직원에게 대표의 사고를 전달하는 구조가 형성됩니다.

두 번째로 강렬한 개성을 가진 대표의 경우입니다. 혼다 소이치로(本田宗一郎), 마쓰시타 고노스케(松下幸之助), 손정의(孫正義)와 같이 카리스마를 장착한 경영자들의 사례입니다. 그들은 존재 자체로 직원들에게 가치관을 심어줍니다. 이런 강렬한 개성을 소유한 대표들은 굳이 회식을 주관해 직원들과 소통하지 않아도 됩니다. 그들은 회사의 전설이 되어 신격화된 것만으로 '저 사람은 대단해!'라고 직원들이 생각하며 대표의 가치관을 몸에 익히게 됩니다.

물론 첫 번째 경우든, 두 번째 경우든 결점은 각각 있습니다. 첫 번째 경우처럼 회식을 통한 소통방식은 시간이 상당히 오래 걸린다는 단점이 있습니다. 그리고 직원의 수가 늘어나면 늘어날수록 대표의 시간도 회식 자리에 상당히 소모됩니다. 게다가 술을 좋아하지 않으면 소통 자체가 어렵습니다. 술을 너무 많이 마시게 되면 건강도 해칠 수 있겠죠.

강렬한 개성을 가진 대표의 경우는 어떤 문제가 있을까요? 대표의 카리스마는 원래 타고난 것일 확률이 높습니다. 보통의 일반적인 사람이 가질 수 있는 게 아니죠. 또한, 카리스마가 강렬하면 강렬할수록 창업가의 영향력은 엄청나게 커집니다. 그러면 차세대 경영자의 입지가 좁아질 수밖에 없습니다. 결국 1대 경영자에서 기업의 성장이 멈출 수 있습니다. 그것은 상당히 위험한 결점인 것이죠."

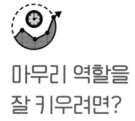

마무리 역할을
잘 키우려면?

"마무리 역할을 해야 하는 중간관리자를 어떻게 하면 좀 더 효율적으로 키워낼 수 있을까요?"

"방법은 있습니다. 아까도 말씀드렸지만, 대표의 행동 기준이나 가치관을 직원들에게 심어주려면, 학습 능률이 떨어지는 '감정을 느끼는 뇌'를 잘 활용해 반복적인 학습을 수행할 수 있도록 해야 합니다. 적어도 일곱 번은 말해야 직원들은 겨우 알아듣는 것처럼요. 일곱 번을 반복해 직원들에게 가르칠 수 있는 시스템을 만들어놓으면 되는 것입니다."

"일곱 번 반복해서 가르치는 시스템이라? 그것은 대체 어떤 시스템일까요?"

"그것은 바로 '크레도(credo, 신조)'입니다. 크레도는 고객만족도가 상당히 높기로 유명한 리츠칼튼 호텔에서 도입한 방법입니다. 상당히 효과적인 방법이라서 많은 기업이 도입하고 있는 개념입니다. 리츠칼튼 호텔은 고객으로부터 걸려온 전화가 세 번 울리기 전에 직원이 미소로 응대합니다. 만약 호텔에 숙박하려고 찾아온 고객이 객실의 번호를 물으면 단순히 호수를 알려주는 것에 그치지 않고, 고객을 모시고 객실까지 직접 안내합니다. 이런 고객 응대 서비스를 전 세계에 있는 리츠칼튼 호텔 체인에서 근무하는 모든 직원이 철저하게 수행합니다.

어떻게 이렇게까지 완벽하게 조직이 움직이고 있을까요? 그 비밀이 바로 크레도입니다. 리츠칼튼 호텔에서는 20항목에 해당하는 '기본'이라 불리는 행동 기준이 명시되어 있습니다. 항목마다 상당히 세세하게 행동 기준을 서술하고 있는데, 그 행동 기준의 각 항목을 매일 15분 걸리는 조례 시간에 직원들이 6명씩 그룹을 짜서 모여 읽는다고 합니다."

"일본에도 회사 이념을 읽는 회사가 꽤 많은 것으로 알고 있습니다. 그것과 같은 방식이군요."

"아뇨. 같다고는 할 수 없습니다. 왜냐하면 리츠칼튼 호텔은 직원이 그저 회사의 행동 기준을 읽는 것에만 그치지 않습니다. '크레도 리더'라는 리더가 행동 기준을 읽으면, 그 항목에 대한 감상이나 연관된 경험을 다른 직원들이 말하며 서로 공유하는 방식을 씁니다. 6명의 그룹이 조례를 하면, 다른 5명의 구성원들은 리더와 마찬가지로 그 항목에 대한 감상을 나열합니다."

"그렇다면 차이점은 단순히 읽기만 하는 것이냐, 거기에 감상을 더하느냐로군요."

"그렇습니다. 그런데 이런 감상을 나열하는 활동은 뇌에서도 그대로 전달이 되어 그 차이점은 더 벌어지게 됩니다. 감상을 말하는 방법이 단순히 읽기만 하는 방법보다 더 빨리 학습을 이루어냅니다. 그것이 가능한 이유는 뇌에서 피드백 효과가 일어나기 때문입니다. 즉, 감상을 나열하는 방법이 뇌를 더 강하게 압도적으로 자극시킵니다.

직원들이 모여 먼저 감상을 말합니다. 여기서 말하는 사람은 자기 경험을 토대로 생각을 할 수밖에 없습니다. 직원은 감상을 말하면서 자신이 느꼈던 감정과 똑같은 반응을 다른 직원들로부터 받습니다. 그런데 반응이 시원치 않으면 자신이 그동안 가지고 있던 생각이나 시각을 수정할 수밖에 없겠죠. 반대로 모두가 "맞아. 맞아!"라고 동의한다면, 자신이 가지고 있던 생각이 옳았다고 생각합니다.

이런 방식으로 상대방의 반응을 즉각적으로 보면서 직원은 의견을 수정해나갑니다. 이렇게 서로 피드백을 주고받는 방식은 뇌의 신경회로에 큰 자극을 주게 됩니다. 자극받은 뇌는 빠른 속도로 학습해 나가는 것이고요. 이것을 학습의 피드백이라고 합니다."

"생각해보면 그런 것 같습니다. 누군가에게 말하면서 역으로 자신이 배우는 것이니까요. 자기 생각을 말하게 됨으로써 학습이 단기간에 이루어지는 것이군요."

"네. 맞습니다. 매니저를 담당하는 사람을 우리는 종종 교사라고도 하니까요. 둘의 본질은 사실 같습니다. 중간관리자의 업무는 직원을 교육하는 일입니다. 크레도를 읽게 하고 감상을 나누는 것으로 연습은 충분히 이루어집니다."

"크레도에 관한 사례는 리츠칼튼 호텔만 있나요? 다른 사례도 있습니까?"

"네. 상당히 재미있는 사례가 있습니다. 업무용 주방기기 재활용 회사로 유명한 템퍼스 버스터즈라는 회사가 있습니다. 창업하고 급성장해, 7년 후에 자스닥에 상장한 회사입니다. 이 회사가 갖고 있는 '템퍼스 정신 17조'는 성장하려는 기업에 상당히 유익한 참고자료입니다(142페이지 참고).

우선 제1조부터 3조까지 읽어보시길 바랍니다. 엄청나게 재미있습니다. 템퍼스는 이 안들을 통해 직원들이 행해야 할 구체적인 행동 기준들을 철저하게 교육하고 있습니다. 그렇다고 기업이념과 같은 추상적인 내용들을 가르치는 것이 아닙니다. 어떤 때는 어떤 행동을 해야 하는지 구체적으로 알려주고 있습니다.

직원들이 '템퍼스 정신 17조'를 익히는 데 시간이 얼마나 걸린다고 생각하십니까? 하루에 한 항목씩 읽는다고 가정해봅시다. 한 달이면 약한 사이클이 돌아갑니다. 그러면 반년 후에는 일곱 번 정도 반복할 수있게 되는 것이죠."

"그렇다는 것은 반년 후면 직원들에게 그 내용이 자연스럽게 스며든다는 것이군요."

템퍼스 정신 17조

제1조 (생글생글·척척·확실하게·센스 있게·향상심)

저 멀리 고객님이 보이면 매장을 가로질러 달려가 큰 소리로 기분 좋게 "어서 오세요! 고객님" 하면서 생글생글 응대하자. 고객님께서 "고맙습니다"라고 하시면 고객님이 설령 눈앞에 보이지 않더라도 함께하는 마음으로 똑같이 대답하자. 청소하는 손은 빠른지, 일 처리도 빠른지, 진열은 착착 빨리하는지 다른 직원의 속도와 나를 비교해보자. 내가 손이 느리다면 집에 돌아가서 연습하자. 이것을 우리는 '생글생글·척척'이라고 부른다.

진짜가 되고 싶으면 업무는 순서대로 하자. 괜히 설렁설렁 빼먹지 말고 제대로 하자. 그냥저냥 해도 괜찮다고 생각했다가는 오산이다. 절대로 '대충 뛰어넘'는 것은 하지 말자. 매장을 방문한 고객님의 자녀가 됐다고 상상하고, 상품을 찾아내 다른 매장에도 있는지 슬쩍 물어보자. 납품했다면 잘 사용하고 있는지 전화를 걸어 물어보고, 다른 매장 근처까지 갔다면 꼭 들러서 납품한 상품의 상태를 보고 오자. 이것이 바로 '확실하게·센스 있게'다.

월급을 올릴 수 있도록 하자. 업무를 배우자. 기술을 몸에 익히고 싶다면 스스로 공부하자. 쉬는 날에는 다른 매장을 찾아가보자. 거기 점장을 찾아 만나서 이것저것 물어보자. 집에 돌아오는 길에 서점에 들러 책을 사서 매장에 응용해보자. 이것이 '향상심'에 해당하는 행동이다.

제2조 (이익을 취하라·이익을 취하지 말자) 국민 템퍼스

싼 물건을 찾아서 비싸게 팔아 이익을 취하는 것은 금물이다. 싼 물건을 찾았다면 싼 가격 그대로 팔자. 지식과 기술을 몸에 익혀 비용을 줄여야 한다. 그리고 제대로 된 애프터서비스를 하자. 고객님이 무리라고 생각하지 않는 정도의 높은 목표를 설정해 그 노력에서 파생된 작은 이익 정도만 얻도록 하자. 쉽게 이익을 취하려는 자는 우리 회사에 필요 없다. 여러분들은 그런 사람들은 아닐 것이다. 재활용 산업은 고객들로부터 가급적 높은 가격을 제시하고, 구매한 상품을 되도록 싸게 되파는 장사다. 차액으로 돈을 벌었다고 기뻐하지 말자.

국민은 피땀을 흘려 밭을 열심히 갈아도 천재지변으로 가뭄, 병충해에 시달린다. 몇 년 만에 풍년이 들어도 자기 몫으로 조금밖에 돌아오지 않는다. 우리도 그래야 한다. 일본에는 돈벌이에 능한 회사가 있다. 우리 템퍼스인들은 그것을 부러워하면 안 된다. 국민이기 때문에 조금만 이익을 취해도 괜찮다. 그러나 이 17조를 잊지 않고 열심히 일하고 있으면, 언젠가 꽃을 피우는 시절이 올 것이다. 당황하지 말자. 불안해하지도 말자.

> **사례**
>
> 어느 호텔 방에 들어가면 냉장고가 있다. 냉장고 문을 열면 우롱차가 200엔이다. 그러면 안 된다. "우리 호텔에 오셔서 감사합니다. 우롱차는 90엔입니다." 템퍼스는 이렇게 한다.
>
> 가스를 독점적으로 공급하는 회사가 있다. "가스를 사용해주셔서 감사합니다. 공사 대금은 다른 회사보다 저렴하게 해드리겠습니다." 템퍼스라면 이렇게 한다. 실제로는 다른 회사보다 공사 대금이 높다고 할지라도 말이다. 자, 모두 기뻐하자. 경쟁상대는 어리석은 사람들 천지다.

제3조 (돈의 사용법)

자동차가 필요할 때, 자동차가 없어도 할 수 있는 방법을 전부 찾아내자. 그래도 안 되면 빌려서라도 와라. 주워서라도 오자. 그리고 마지막으로 정 안 됐을 때 구매하도록 하자. 물론 '당연히 중고차!'다.

매장이 어둡다고 덜컥 조명부터 사지 마라. 먼지가 잔뜩 쌓인 진열품에 조명을 아무리 비춘다 한들 매장이 밝아질까? 여러분은 매장을 밝게 한 것이 아니라 그저 돈을 써서 조명 기구를 샀을 뿐이다.

일손이 부족하다고 생각될 경우는 우리의 일 처리가 굼뜬지를 다시 생각하자. 그렇다면 일하는 방법을 바꿔보자. 물건에 의지하지 말자. 돈도 쓰지 말자.

(이후에 제17조까지 이어집니다)

"네. 반년 정도 지나면 대표가 매일 화를 내지 않더라도 대표의 가치 기준을 무의식적으로 습득한 직원이 생깁니다. 이는 뇌의 메커니즘에 따라 흘러가는 것이기 때문에 무의식적으로 행동하지 않는 것이 오히려 어려워지는 것입니다. 그만큼 극적으로 직원들에게 큰 변화가 찾아옵니다."

'대표의 리더십'은
혼자 발휘할 수 없다?

"직원의 성장을 위한 최적의 방법은 크레도의 실천이로군요. 크레도와 마무리 역할의 관계는 어떻게 됩니까?"

"회사의 크레도를 실천하게 되면 대표의 가치관, 행동 기준이 직원들에게 스며들게 됩니다. 즉, 이 말은 회사 전체가 통제하기 쉬워지는 상태가 된다는 것이죠. 회사 직원 전체가 마무리 역할이 되는 셈입니다. 물론 대표도 마찬가지이고요. 이렇게 되면 그 조직은 엄청나게 강한 조직이 됩니다.

강한 조직이 구성되면 그 안에서 처음으로 "우리 대표님은 리더십이 있다"라는 말이 들려옵니다. 결국 대표의 리더십은 혼자 노력하고 능력이 있다고 해서 발휘되는 것이 아닙니다. 잘못하면 독재자가 될 뿐이지요.

진짜 리더는 다른 멤버인 개, 원숭이, 꿩의 능력을 끌어올려 협력하는 관계를 만듭니다. 그렇게 함께 미래를 구상해 나가죠. 큰 성공을 끌어내는 리더는 모모타로와 꿩의 장점을 균형감 있게 가진 존재라고도 볼 수 있습니다."

"그렇다면 꿩 역할은 회사 창립 시기부터 필요하다고 여기는 것인가
요?"

"네. 그게 참 중요한 포인트입니다. 꿩의 자질은 전체를 정리하고 통
합하는 역할입니다. 아니면 전체를 아우르는 기업문화를 상징하기도
하죠. 이런 것들이 회사 창업 초기부터 구상되어 있다면, 회사는 상당히
빠른 속도로 성장해나갈 수 있습니다. 여기까지만 봐도 회사를 성장시
키는 하나의 이상적 형태가 보일 것입니다.
　다음의 도표를 보실까요? 전의 도표에 마무리 역할을 배치한 것입니
다. 마무리 역할을 수행할 자질을 갖춘 사람은 회사 성장의 어느 단계에
서도 필요합니다. 기업이념, 행동 기준을 사업 초창기부터 확실히 갖춘
기업은 성장에 따른 그림자를 거치지 않고 수월하게 성장할 수 있습니
다."

"그렇군요. 확실히 제대로 성장한 기업은 명확한 그들만의 기업문화
가 있죠."

"맞습니다. 기업의 문화를 만들어놓으면 대표라는 개인의 그릇을 뛰
어넘어서 회사가 성장하기 시작합니다. 대표가 은퇴해도 그가 가졌던
가치 기준이 계속 회사에 남아 대를 이어갑니다. 이것이 가능해지면서
대표는 처음으로 회사라는 현장을 벗어날 수 있게 되는 것입니다.

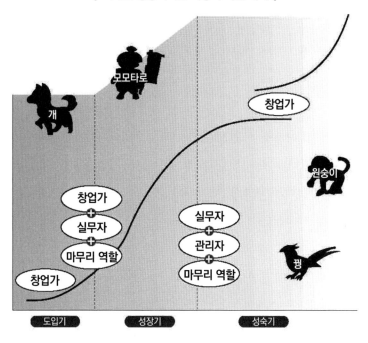

| 회사를 성장시키는 이상적 역할 배치 |

그런데 기업의 문화를 만들어놓지 않고 대표가 회사를 벗어나면 어떤 일이 벌어질까요? 그것은 바로 직무 유기입니다. 경영을 방임하는 셈이 되는 것이죠. 결국 회사는 붕괴될 수밖에 없습니다. 가치관과 행동 기준을 확실하게 만들어 직원을 교육한 대표는 마음 편히 은퇴할 수 있습니다. 은퇴한 이후에는 자신의 인생에서 정말 중요한 일에 중점을 두고 살아갈 수 있게 됩니다. 대표가 일선을 물러나도 직원이 대표가 했던 모모타로의 역할과 꿩의 역할을 쌍방으로 수행할 수 있게 되면서 회사는 계속 성장해 나아갈 수 있습니다."

"하지만 그런 시기까지 도달하려면 몇십 년 정도 걸리는 것 아닌가요?"

"아뇨. 그렇지는 않습니다. 지금까지는 이런 매니지먼트 방법을 몰랐기 때문에 시간이 오래 걸렸습니다. 확실한 비전, 확실한 비즈니스 모델, 확실한 마케팅 구성, 확실한 매니지먼트 등 지금까지 실천회에서 공부한 내용들을 하나하나 실천해나간다면, 1인 창업을 한 대표라 할지라도 수년 후에는 여러 개의 회사를 경영하는 오너가 될 수 있습니다."

"지금까지 이런 방법을 적용한 회사의 사례를 들어주실 수 있습니까?"

"음, 글쎄요. 의식적으로 이런 방법을 적용해 회사를 경영한 사례는 별로 없을지도 모릅니다. 하지만 결과만 놓고 보면 지금까지 설명한 매니지먼트 과정을 실천하는 것으로 '리쿠르트' 사처럼 다음에서 다음으로 지속해서 인재가 탄생하는 조직이 될 수 있습니다. 리쿠르트에 근무했던 직원은 회사를 그만두더라도 그 회사에서 일했던 경험에 자부심을 느낍니다. 그리고 독립한 회사를 세우더라도 자신이 다녔던 리쿠르트를 계속 찬양하고 협력합니다. 따라서 리쿠르트를 졸업한 사람이 많으면 많아질수록 리쿠르트가 발전한다는 선순환이 이어지는 것입니다.

또 다른 사례는 컨설팅 회사인 '맥킨지'입니다. 예전에 오마에 켄이치(大前研一) 씨가 일본지사장을 했던 회사입니다. 맥킨지도 그곳에 근무했던 직원이 4년, 5년 차가 되면 거의 그만둡니다. 그렇다고 사직한 직원이 다른 곳에서 라이벌이 되어 맥킨지를 괴롭히는 일은 없습니다. 맥킨지를 졸업한 직원들은 거의 대기업의 사장이 됩니다. 그리고 맥킨지에게 컨설팅을 의뢰하며 발주를 넣습니다. 바로 이런 식으로 맥킨지 유전자, 리쿠르트 유전자를 가진 직원들이 점점 세상에 많아지는 것입니다."

"과연 그렇군요. 그렇다면 이 매니지먼트 방법은 리쿠르트나 맥킨지처럼 대표가 은퇴해도 강한 조직을 만들 수 있는 방법이라고 봐도 되겠네요?"

"그렇다고 볼 수 있습니다. 대표의 유전자를 남겨 그것이 영원히 전해지는 강한 회사를 만드는 것입니다. 어렵게 들릴 수도 있겠지만 실행하는 방법은 간단합니다. 크레도를 실천함으로써 가치관이 회사의 유전자가 되어 조직에 전달됩니다. 그러한 조직에서 탄생한 아이들, 그리고 손자 손녀도 모두 효도하는 마음을 계속 가져갑니다. 결국 그 가족은 번영할 수밖에 없는 메커니즘을 갖게 되는 것이죠.
기업의 DNA를 끌어내어 계속 유지하는 방법은 그동안 잘 언급되지 않았습니다. 그러므로 이를 알아차리고 있는 회사는 거의 없다고 볼 수 있죠. 반대로 '이것은 정말 굉장한 노하우야!'라고 깨닫고 실천하는 대표는 수년 후에 은퇴한다고 해도 그 회사는 멀쩡하게 굴러가게 되어 있습니다."

순간이동으로
신규 사업을 재빨리 시작하다

"창업가의 유전자를 이어받은 후계자도 창업가가 경험한 똑같은 함정을 경험하게 될까요?"

"그들은 어지간하면 똑같은 함정을 경험하지는 않습니다. 사업을 잘 꾸려나가기 때문이죠. 구체적으로 좀 더 말씀드려보겠습니다. 사업을 여러 개 체험하다 보면 노하우가 생깁니다. 다른 회사들은 함정을 향해 앞으로 계속 전진합니다. 그런데 창업가의 유전자를 이어받은 후계자는 그들과 다른 길을 갈 수 있습니다. 좀 더 빠른 지름길을 알게 되는 것이죠. 지름길은 갑자기 도입기에서 성숙기로 순간이동하는 것을 뜻합니다(150페이지 참고).

그렇다면 그 순간이동이라는 것은 어떻게 하는 것일까요? 순간이동은 사업을 만드는 초창기에 창업가와 관리자가 손을 맞잡는 것으로 시작할 수 있습니다. 모모타로의 이야기를 빗대어 설명하면, 모모타로가 귀신 퇴치라는 임무를 떠올리면 제일 먼저 만났던 개 대신에 원숭이를 만나는 것입니다. 원숭이를 만나 귀신 퇴치하는 과정에서 필요한 항목

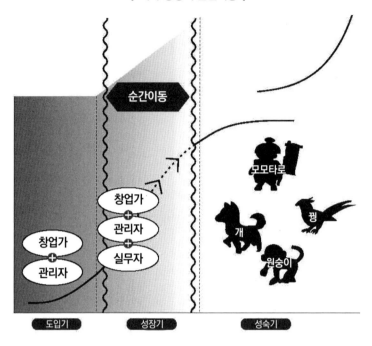

| 회사 경영의 순간이동 |

순간이동

창업가
+
관리자

창업가
+
관리자
+
실무자

모모타로

개

꿩

원숭이

도입기   성장기   성숙기

을 전부 준비해둡니다.

　도표에서 보듯이 회사가 우측 상향으로 성장하기로 결정하면, 그것
이 일상적으로 돌아갈 수 있도록 업무 시스템을 만들기 시작합니다. 그
러면서 실수나 틀린 문제가 없도록 점검하면서 개(실무자)를 투입합니다.
다른 말로 표현하면, 만들기로 한 자동차를 확실하게 구상하고 거기에
베테랑 운전수(실무자)를 투입해서 액셀을 밟게 하는 것과 같은 이치입니
다. 그렇게 되면 보통의 기업들이 맞닥뜨리게 되는 함정에 빠지는 일 없
이 가뿐하게 뛰어넘을 수 있게 됩니다."

"회사 경영의 순간이동이라…, 아이디어를 구상한 시점에서 시스템까지 만들다니. 그것참 대단하군요. 그런데 그게 실제로 가능한 것인가요?"

"네. 충분히 가능합니다. 프랜차이즈를 예로 들어보겠습니다. 프랜차이즈의 경우, 사업을 개시한 시점부터 프로축구 수준의 시스템을 가지고 있으면 거의 실패하지 않습니다. 그렇다고 프랜차이즈가 좋다라고 단순히 생각하지는 않으셨으면 좋겠지만요.

또 여러 개의 관련 사업을 운영하고 있으면 세 번째, 네 번째의 사업 경영은 대체로 잘 이끌어갈 수 있습니다. 베이커리 레스토랑으로 유명한 '산마르크'[10]를 예로 들어볼까요? 산마르크는 애초에 풀코스 디너를 제공하는 레스토랑이었습니다. 풀코스 디너는 대상이 제한적이고 취급하는 품목이 너무 많아서 프랜차이즈화(시스템화) 시키기에는 상당히 난이도가 높았습니다. 엄청난 고생이 있었지만 그렇게 어려운 사업을 한번 하고 나니 그다음 사업의 난이도가 아무리 높아도 어렵게 느껴지지가 않는 것이죠.

현재 전개되고 있는 '산마르크 카페'는 막 구워낸 빵을 고객들에게 제공하는 카페 체인점입니다. 전에 어려운 난이도의 사업을 해봤기 때문에 이번에 체인을 새로 냈을 때는 시행착오를 대폭 줄일 수가 있었습니다. 경영 시스템도 더 확실하게 만들어놓고 시작할 수가 있었던 것이죠.

최근 막 생기기 시작한 '하코다테 시장'이라는 회전 초밥집도 같은 경우입니다. 요식업 경영의 시스템을 처음부터 잘 알고 있기 때문에 짧

---

10) 산마르크 : 산마르크는 2006년에 지주회사로 전환해 '산마르크 홀딩스'로 바뀌었습니다. 현재의 주식회사 산마르크는 신설회사인 '베이커리 레스토랑 산마르크'를 운영하고 있습니다.

은 시간 안에 금방 성장할 수가 있습니다. 신규 사업을 전개했던 몇 번의 경험은 처음부터 시스템을 제대로 만들 수 있게 합니다. 거기에 아이디어만 있다면 알고 있던 시스템을 바로 적용해 실무자를 투입합니다. 그러면 회사는 바로 성장궤도에 올라서게 되는 것이죠."

"그 말씀은 순간이동을 하게 만드는 열쇠는 바로 모모타로(창업가)와 원숭이(관리자)가 협력하는 것이군요."

"맞습니다. 손을 먼저 잡고 싶지 않은 조합이 먼저 손을 잡게 됨으로써 동력이 생기는 것입니다. 창업가는 어찌 됐든 앞만 보고 달리는 성향이 있습니다. 마치 군인처럼 앞으로 전진만 합니다. 그런데 관리자는 반대의 성향을 지닙니다. 군인이 Yes를 말하면, 관리자는 No를 외칩니다. 그러면 창업가는 '뭐야? 이 성가신 녀석은? 왜 안 된다고만 생각하는 거지?'라며 관리자를 자를 생각을 합니다. 하지만 이렇게 No를 말해주는 존재와 손을 맞잡는 것이 회사의 성장을 위해서는 중요한 일입니다.
창업가와 관리자는 평소에는 물과 기름 같은 존재입니다. 당연히 원활하게 소통이 될 리가 없습니다. 따라서 서로를 더 큰 마음으로, 인정하면서 협력하려는 마음 자세가 있어야 합니다."

"그러기 위해서 필요한 역할이 바로 마무리 역할이로군요. 회사의 가치관, 행동 기준이라는 신조를 서로에게 전파하는 것이 그래서 필요하겠네요."

"네. 정확합니다. 생각해보면 부부관계라는 것도 회사의 경영과 비슷합니다. 남편이 하는 일을 부인이 반대함으로써 최고의 비판자가 됩니다. 그러면 남편의 사업이 성공을 하게 되죠. 성공한 창업가들 중에는 이런 부부관계의 형태를 가지고 있는 사람들이 많을 것입니다. 배우자가 신중할수록 창업가에게 많은 정보를 줄 수 있습니다."

'바보를 양산하는'
시스템이란?

"시스템화, 시스템화라고 여러 번 들었는데요. 그런데도 아직 머릿속에 명확하게 잘 떠오르지 않습니다. 조직에 균열이 생기는 시점은 이제 막 시스템화를 마친 시점이 아닙니까? 구체적으로 어떻게 하면 시스템화를 할 수 있는지 말씀해주십시오."

"시스템화라는 것은 특별히 어려운 이야기가 아닙니다. 사실 결과적으로 보면 시스템화라는 것은 업무를 수월하게 하기 위한 서류이거나 매뉴얼이기 때문입니다. 그런데 이런 간단한 작업이 잘되지 않는다는 것이 문제이겠죠.

어떻게 하면 시스템화를 할 수 있는지 구체적으로 설명하기 이전에 보통의 회사들은 어떻게 시스템화에 실패하는지부터 알려드리도록 하겠습니다.

먼저, 대부분 대표가 실수하는 것이 있습니다. "매뉴얼을 만드세요!"라고 직원들에게 지시하면 뚝딱 만들어질 수 있다고 착각하는 것입니다. 그것은 말도 안 되는 일인데도 말입니다. 거기에는 여러 가지 이유가 있습니다.

① 업무가 너무 혼재되어 있어서 도대체 어떤 매뉴얼부터 만들어야
   할지 알 수 없는 경우
② 매뉴얼의 샘플이 없어서 어디서부터 어떻게 만들어야 할지 도통
   모르는 경우
③ 직원들이 너무 업무에 치여서 매뉴얼을 만들 시간조차 없는 경우
④ 매뉴얼을 제작할 담당 직원이 없는 경우

이런 상황들에 놓여 있는데 여기서 "매뉴얼을 만드세요!" 한다고 해
서 만들어질까요? 1년이 지나도, 2년이 지나도 단 한 개의 매뉴얼도 만
들지 못할 것입니다.

그러면 이렇게 말하는 대표들이 등장합니다. "매뉴얼 만들기를 외주
로 하죠!" 하지만 외주로 만드는 것도 쉽지 않습니다. 외주업자는 외부
인이기 때문에 매뉴얼을 의뢰한 기업의 업무를 사실 상세하게 알고 있
지 못합니다. 당연히 의뢰한 회사의 담당 직원으로부터 설명을 들어야
매뉴얼 제작에 돌입할 수가 있죠. 그런데 문제는 담당 직원이 정작 어떻
게 매뉴얼을 설명해야 할지 잘 모른다는 것입니다. 업무가 정신이 없기
때문에, 단순히 사원 입장이기 때문에 등 여러 이유로 무엇부터 해야 할
지 순번을 잘 모르는 것이죠. 겨우 어떻게든 매뉴얼을 제작했다고 하더
라도 겉으로만 그럴듯하게 보일 뿐, 정작 활용하지 못하는 매뉴얼이 될
확률이 높습니다.

이렇게 외주로 제작된 매뉴얼은 그림의 떡이라고 할 수 있습니다. 왜

냐하면 매뉴얼을 알려주는 노하우가 그 안에는 없기 때문입니다."

"매뉴얼 만들기가 어렵다면 컴퓨터로 업무를 시스템화하는 것은 어떻습니까?"

"컴퓨터로 업무 시스템을 만드는 것은 얼핏 그럴싸하게 들릴 수 있습니다. 하지만 현실은 생각보다 비참합니다. 왜 그럴까요? 조금 전에 설명한 매뉴얼 작업의 경우와 비슷합니다. 컴퓨터로 업무 시스템을 만들게 되면 기존에 수작업으로 직원이 하고 있던 업무의 효율성이 급격하게 떨어집니다. 직원들은 미처 대응하지 못하고 혼란에 빠지게 됩니다. 그런데 그런 혼란한 상황의 업무를 컴퓨터화하면 더 혼란이 가중됩니다. 즉, 바보에게 터보엔진을 달아 전속력으로 달리게 하는 셈이 되는 것입니다. 그러면 실수가 쏟아져 나옵니다. 그것도 엄청난 속도로 말이지요."

"그럼 다시 한번 묻겠습니다. 시스템화는 구체적으로 어떻게 실행해야 하는 것인가요?"

"제가 하는 말이 선문답처럼 들릴 수 있을 것입니다. 왜 구체적인 이야기를 더 안 해주는 것인지 궁금하시겠죠. 그런데 조금만 더 참아주세요. 지금은 뿌리부터 이야기하지 않으면 안 되기 때문입니다. 뿌리부터 제대로 파악하면 매뉴얼을 만드는 것은 생각보다 쉬운 작업입니다. 대표가 특별한 일을 하지 않아도 직원들이 알아서 쫓아오게 됩니다.

회사의 시스템화는 중요한 일입니다. 그 시스템화는 크게 2가지로 나 눕니다. 업무의 시스템화와 사람 만들기의 시스템화입니다. 그런데 대 부분 대표는 업무의 시스템화만 생각합니다. 대표들의 그런 고착된 생 각은 정작 회사의 시스템화를 더디게 만듭니다. 저는 업무의 시스템화 를 이루기 전에 먼저 사람 만들기의 시스템화를 해야 한다고 주장합니 다. 이 부분을 대부분 대표가 간과하고 있습니다.

사람이 성장하기 전에 시스템을 알려주면 효과가 과연 있을까요? 거 의 효과가 없을 가능성이 큽니다. 반대로 사람이 제대로 성장만 되어 있 다면 오히려 그 사람이 매뉴얼을 만들 수도 있습니다. 즉, 매뉴얼이 있 어서 사람이 성장하는 게 아니라, 사람이 성장했기 때문에 매뉴얼이 이 루어지는 것입니다.

물론 대표가 선두에 서서 밤잠을 줄여가며 매뉴얼을 만들 수도 있습 니다. 그것은 그 자체로 대단하고 멋진 일이긴 하지만, 과연 그렇게 매 뉴얼을 만들어낼 수 있는 대표가 얼마나 있는지는 의문입니다.

저는 개인 한 사람만의 노력으로 매뉴얼을 만드는 것은 한계가 있다 고 여깁니다. 그만큼 시스템을 만드는 작업은 힘겨운 일이기 때문입니 다. 우선은 개인의 시스템, 더 나아가서 팀의 시스템을 정비합니다. 그 다음에 그 팀을 활용해 업무의 시스템화를 이루어나가는 것이 순번이 라 생각합니다."

"사람 만들기의 시스템화에 대해 좀 더 상세히 말씀 부탁드립니다."

"한마디로 표현하면, 한 직원의 성장이 회사의 성장에 도움을 주는 것과 같은 시스템입니다. 이제 갓 입사한 신입사원은 근무하면서 과장과 같은 매니저의 실력을 몸에 익히게 됩니다. 매니저는 업무를 수행하면서 부장과 같은 디렉터의 실력을 몸에 익히게 되죠. 그리고 부장은 이사와 같은 프레지던트의 역할을 알게 모르게 배우게 됩니다. 이런 방식으로 회사에 근무하는 사람들은 무의식적으로 자신의 실력을 높이게 됩니다. 그것이 바로 사람 만들기의 시스템화입니다."

"그렇군요. 이미 우리가 알고 있는 이야기지만, 대부분 회사에서 잘 지켜지지 않고 있는 이야기이기도 하네요."

"왜 그게 어려운지 아십니까? 매니저의 역할이 필요함에도 대부분의 회사는 매니저의 정의를 잘못 알고 있기 때문입니다. 매니저의 정의를 제대로 파악하는 것이 사람 만들기에서 가장 중요한 개념입니다."

매니저란
대체 누구일까?

"아니, '매니저의 정의'라고요? 음, 그렇게 말씀하시니 어렵게 느껴집니다."

"명확하게 정의하기 힘든 것을 키울 수는 없습니다. 매니저의 역할이 무엇이냐고 누군가 묻는다면, 회사의 대표들은 이런 뻔한 대답을 내놓을 것입니다.

"매니저는 부하직원의 사기를 진작시키고 업무의 성과를 내는 사람입니다."

확실히 그렇기는 합니다만 이런 사고를 하는 대표가 본인이 정작 직원들의 사기를 떨어뜨리는 경우가 많습니다. 대표가 사기를 끌어 올릴 수가 없는데 그 밑의 매니저라고 가능하겠습니까? 만약 그게 가능한 매니저라면 수개월 후에 회사를 나가 자신만의 독립적인 회사를 차릴 것입니다. 그러면 원래 다니던 회사와는 라이벌 관계가 되고 마는 것이죠."

"그렇다면 매니저의 정의는 무엇인가요?"

"앞으로 말씀드릴 내용이 바로 사람 만들기를 위한 시스템화의 근간이 됩니다. 이것만 알면 실천회의 연회비 100년 치를 낸 것과 똑같다고 할 수 있죠."

"제발 뜸 들이지 말고 어서 알려주세요!"

"네. 그럼 알려드리겠습니다. 먼저 회사 안에서의 역할을 밑에서부터 이렇게 나눠보겠습니다. 멤버(평사원), 매니저(과장), 치프(부장), 리더(이사)로 분류합니다.

작은 규모의 회사는 대표가 이 4개의 역할을 모두 수행합니다. 란체스터 이론[11]에 따르면, 회사의 직원 수가 30명이 될 때까지는 전부 대표의 직결 조직으로 활동합니다. 그런데 저는 이렇게 생각합니다. 이제 막 업무를 만들어나가기 시작하는 독창적인 10명 정도의 조직이라면 되도록 빨리 매니저나 치프에 해당하는 역할을 만들어놓아야 한다고요.

자, 그러면 각각의 정의를 설명해볼까요? 우선 멤버인 평사원은 자기 앞에 주어진 업무를 효율적으로 수행해야 합니다. 그것이 평사원의 임무죠. 매니저는 업무 수행의 롤모델을 부하직원에게 가르칩니다. 그리고 성과를 내는 것이죠. 즉, 직원을 교육시키는 것이 주요 임무입니다. 매니

---

11) 란체스터 이론 : 원래는 제1차 세계대전 시기에 F·란체스터(Frederick William Lanchester)가 발표한 군사적 법칙이었으나 일본에서는 이 법칙을 경영에 응용한 중소기업의 경영전략, 또는 영업전략으로 유명합니다.

저는 그래서 선생님과 동의어입니다. 그 이상을 추구해서는 안 됩니다.'

치프인 부장의 역할은 자기 스스로 새로운 프로젝트를 창조해 업무에 적용하고 성과를 내는 것입니다. 부장은 회사가 안고 있는 문제점을 스스로 찾아내 프로젝트를 창조하는 것이 일입니다. 그 이상은 하지 않습니다.

그 위에 제가 '전략 리더'라고 부르는 역할이 있습니다. 일반적인 회사에서는 그 역할을 대표가 수행합니다. 이 사람들은 대체 어떤 역할을 하는 것일까요? 영감을 얻어 직원의 사기를 끌어 올리고, 거기에 새로운 발상을 얹은 사업이나 프로젝트를 고안해 성과를 내는 것. 이것이 바로 전략 리더가 하는 역할입니다. 즉, 영감을 계속 창출하는 것이 주요 업무라고 할 수 있습니다. 다른 말로 표현하면, 회사의 장래 비전을 제시하는 역할이기도 합니다. 그 비전을 제시하는 것으로 다른 직원들의 등줄기에 전류가 흐르게 해서 찌릿찌릿하게 만드는 것입니다.'

"그렇군요. 그렇게 계단식으로 업무를 명확하게 구분하면 사람을 키우는 일이 그리 어렵지 않겠습니다."

"물론입니다. 특히 매니저는 업무의 롤모델만 제시하는 역할이기 때문에 어느 정도 업무의 경험만 쌓인다면 누구나 수행할 수 있게 됩니다. 그런데 대표는 매니저를 통해 전부를 하려고 합니다. 부하직원의 사기를 끌어 올리고, 새로운 것을 고안해내야 하며, 어떻게든 성과를 내게끔 다그칩니다. 그것은 무리입니다. 그렇게 하면 매니저는 부하직원이 무엇을 해야 할지 잘 모른 체 압박감만 느낄 뿐입니다.

대표는 매니저에게 압박을 주지만, 매니저는 자신이 해야 할 일이 무엇인지 헷갈립니다. 그런 상태에서 다시 다른 부하직원에게 압박감을 줍니다. 그러면 압박감을 받은 다른 부하직원은 지금까지 동료라고 생각했던 직원으로부터 압박을 받는 것이기 때문에 싫은 티를 내게 됩니다.

이것이 바로 위에서 호령하는 상사에게 눌리고, 아래에서 부하직원에게 원망을 듣는 중간관리자의 비애입니다. 이런 상황을 피하고 싶다면 중간관리자의 역량이 회사의 대표보다 훨씬 더 우수해야 합니다.

고도성장기 시절의 사회는 전망이 밝을 것이라는 희망이 있었습니다. 그래서 기분전환도 가능했습니다. 하지만 중소기업은 상황이 좀 다릅니다. 회사를 세운 창업가와 평생을 지내야 하는 중간관리직은 견디는 것이 고역입니다. 이 메커니즘을 잘 알지 못하는 대표 옆에서는 아무리 시간이 지나도 오른팔이 될 수 없습니다."

"다음 역할의 단계를 미리 알고 해야 할 업무를 확실하게 인지하고 있다면, 직원의 입장에서는 다음 단계로 올라가는 목표가 더 명확해지겠군요."

"네. 그렇습니다. 멤버인 평사원이 매니저로 승진하기 위해서는 업무를 제대로 파악하고 배워서 성과를 내면 됩니다. 또 과장급인 매니저가 부장이 되려면 프로젝트를 창조하는 것이 과제입니다. 이사급인 리더가 되려면 새로운 아이디어를 구상해야 하고, 리더가 됐다면 각자 개성이 넘치는 직원들을 통합하는 것이 주요 임무입니다. 각각의 단계에서 필요한 기술은 아주 명확합니다.

이런 단계는 아이들이 수영을 배울 때와 비슷합니다. 수영을 배우고 싶어서 수영 교실에 참가하면 단계별 클래스가 있습니다. 클래스에서 원하는 기준을 잘 모른다면, 아이도 수영을 더 잘하기 위한 노력을 하기가 힘듭니다. 기준이 확실하면 아이는 다음에서 다음으로 과제를 클리어하는 것이 즐거워집니다. 사실 자신의 성장이 즐거운 것이겠지요.

대부분 중소기업의 경우, 어쨌든 대표가 나서서 평생의 시간을 바쳐 직원을 양성합니다. 이런 형태의 육성이 꼭 나쁜 것만은 아닙니다. 이런 방식으로 회사의 정의가 확실히 잡히면, 멤버인 평사원이 자발적으로 성장하는 구조가 생기기 시작합니다. 전자는 상사가 이끌어나가면서 직원을 교육하는 방법이고, 후자는 직원이 자신의 힘으로 위를 목표로 하는 에스컬레이터 방식의 발전·성장 방법입니다.

물론 훌륭한 기업은 그 어느 방법도 상관하지 않습니다. 하지만 대체로 보통 기업들은 공들여 직원을 키우지도 않고, 조직의 짜임새도 하지 않으면서 직원만 매도합니다."

"이 '사람을 만드는 시스템'이라는 것은 그 정의 자체가 개념의 근간이 되는 것인가요? 그것만으로는 시스템이라고 할 수 없을 것 같은데요?"

"맞습니다. 그것만으로는 시스템이라고 할 수가 없겠죠. 중요한 것은 직원이 행복해지는 것, 회사가 행복해지는 것입니다. 그 2가지 행복을 모두 동시에 달성하는 시스템을 구축하는 것이 중요합니다.

다시 재차 반복해서 말씀드립니다. 지금은 주주의 이익만을 추구하는 미국식 자본주의 모델이 먹히지 않습니다. 왜냐하면 자본가가 노동계급을 착취하는 구조였기 때문입니다. 미국식 자본주의 모델이 먹히지 않는 것을 알면서도 그것을 대체할 모델은 지금까지 없었습니다.

여기서 새로운 발상에 기반한 회사의 평가 모델을 소개할까 합니다. 회사와 직원이 동시에 행복해지는 방법을 말이죠."

왜 영화 <매트릭스>는
3부작으로 끝났을까?

"그런데 말이죠. 회사와 직원이 동시에 행복해지는 방법이라니, 예전에도 들어본 적이 있습니다. 그런데 '정말 새로운 발상에 기반한' 것이라니. 너무 띄우시는 것 아닌가요?"

"아뇨. 저는 이 방법에 대단한 자신감이 있습니다. 물론 가족과 회사, 그리고 개인의 성장을 동시에 달성하겠다는 생각은 예전에도 있었습니다. 그에 관한 책이 《7개의 습관》으로, 이를 저술한 스티븐 R 코비(Stephen R. Covey) 박사가 유명합니다. 그는 일, 개인, 그리고 가족이라는 분야에서 각각의 목표를 설정하고 있습니다. 1년 후의 목표, 3년 후의 목표, 10년 후의 목표를 각 분야에서 모두 설정해 그것을 클리어하는 방법입니다.

이론적으로만 보면 인간은 점점 성장해나가는 동물입니다. 하지만 현실은 그렇지 않죠. 인간은 슈퍼맨이 될 수 없기 때문입니다. 일이 잘되면 반대로 가정은 그렇지 못한 경우가 많습니다. 가정도 평안하고 일도 술술 잘 풀리는 것이 개인의 욕구가 달성되는 지점입니다.

이처럼 모든 분야에서 최고가 되기 위한 목표는 개인의 레벨에서는 아직 달성하기가 어렵습니다. 그런데 회사 레벨로 행동하면 어떻게 될 까요? 초긍정적 사고의 집단이 생성됩니다."

"초긍정적 집단이라…. 초긍정적 집단은 초부정적인 사람들을 반대로 양산하겠지요?"

"그렇습니다. 인간은 각각의 관계 속에서 균형을 맞춰나가는 존재이 니까요. 만약 회사의 대표가 초긍정적인 사람이어서 점점 앞만 보고 달 리며 수익만 추구한다면, 거기에 급브레이크를 거는 초부정적인 사람 들이 등장하게 되어 있습니다. 그런 조직의 특징은 직원들의 스트레스 가 극심해서 병을 앓는 사람들이 속출하게 된다는 것이죠."

"그 말씀은 초긍정적으로 흐르지 않으면서 회사를 성장시키는 시스 템을 마련해야 한다는 거군요."

"좀 다릅니다. 초긍정적이 되지 않고 직원과 회사가 행복해지는 시스 템입니다. 제가 왜 성장이라는 단어를 굳이 언급하지 않을까요? 성장은 20세기형으로, 자본주의 모델에서 나오는 단어이기 때문입니다. 성장 만 추구하며 달려 나가는 조직은 반드시 성장이 멈추게 되어 있습니다. 그러므로 앞으로 발전하려는 기업은 성장과 함께 행복을 기준으로 전 진하는 기업이어야 합니다."

"그럼 성장하는 것은 안 좋은 것입니까?"

"안 좋은 것이 아닙니다. 하지만 성장을 향한 절대적인 집착은 버려야 합니다. 성장이 너무 빠르면 죽음도 빨리 찾아옵니다. 성장에는 끝이 있지만 행복에는 끝이 없습니다. 이에 대해서는 전 요코하마국립대학의 호리노우치 타카히사 선생님께서 가르침을 주셨습니다. 같은 내용을 시나리오 컨설턴트인 오카다 이사오(岡田勳) 선생님께서도 알려주셨습니다. 그런데 여기서 문제를 하나 드려볼까 합니다. 영화 <매트릭스>는 3부작으로 이야기를 마쳤는데, 왜 <후텐의 토라 씨>[12]는 몇십 부작으로 계속 만드는지 그 이유를 아십니까?"

"듣고 보니 그렇군요. <미토코오몬>[13]도 그렇고, <낚시바보일지>[14]도 꽤 긴 이야기인데 말이죠. 대체 뭐가 다른 것일까요?"

"거기에는 이유가 있습니다. '성장하는' 히어로는 3회면 충분합니다. <후텐의 토라 씨>는 매회 성장하지 않기 때문에 영원히 이야기가 이어지는 것입니다. 거기에 수천만 명의 대중의 마음을 움직이는 비결이 있습니다. <매트릭스>의 주인공도 히어로이긴 하지만, 토라 씨가 더 진짜 히어로처럼 보인다는 것이죠."

---

12) <후텐의 토라 씨> : 1969년부터 1995년까지 총 48개 작품이 제작되어 상영됐고, 모두 흥행했습니다. - 편집자 주.

13) <미토코오몬> : 1969년부터 2011년까지 황금시간대 텔레비전에 출연했던 일본의 시대극으로, 일본 텔레비전 역사상 가장 오래 방영된 드라마입니다. - 편집자 주.

14) <낚시바보일지> : 1979년부터 만화잡지 <빅 코믹 오리지널>에 연재된 인기 만화가 1988년에 영화화되어 시리즈로 제작됐습니다. 드라마로도 제작되어 큰 인기를 누리고 있습니다. - 편집자 주.

회사와 직원을
동시에 행복하게 만드는 시스템이란?

"그것참 재미있는 관점이로군요. 성장만 하지 않고 행복을 기준으로 경영을 해나가는 회사라뇨. 그런데 그렇게 하려면 어떻게 해야 합니까?"

"방법은 '결과로부터 발상하는 것'입니다. 영화 <매트릭스>에서 모피어스가 말한 방식에서 차용을 하면, '성공하려고 하지 말고 성공하는 것을 알라'입니다. 이 개념을 직원의 평가 시스템에 조합하는 것입니다.

제가 만든 회사와 직원의 행복이 지향하는 목표 설정·실천 평가지를 먼저 보여드리겠습니다. 이 평가지는 수백만 엔의 가치가 있을 정도입니다(부록 참고)."

"이 평가지를 활용하면 어떤 이점이 있습니까?"

"아주 많은 이점이 있습니다. 이 평가지는 평가시스템에 자기 계발 노하우를 담아낸 것입니다. 평가지에 내용을 기입하다 보면 자기의 목표를 설정할 수 있습니다. 그러면서 목표 실천이 쉬워지는 것입니다.

우리는 목표를 설정하고 살아갑니다. 하지만 그 목표는 실현하기 어려운 목표들이죠. 게다가 짜증을 내며 목표를 설정합니다. 그런데 이 평가지는 목표를 대하는 우리의 감정을 살필 수 있는 과정이 들어 있기 때문에 목표를 대하는 코멘트, 즉 각오를 동시에 하게 되는 것입니다. 즉, 이 평가지에 기입하는 과정 그 모든 것이 배움이 되는 것입니다.

또한, 설정한 목표가 실현하기 쉬워지고 자기 자신에 대한 자질, 회사 안에서 수행하는 역할, 인생의 과제 등을 알게 되면서 팀워크도 좋아집니다. 회사에서 자신이 수행해야 할 업무가 확실해지면서 일하는 의미를 쉽게 찾을 수 있게 되는 것입니다. '일하는 스위치가 켜진다'라고나 할까요?

덤으로 이 평가지를 활용하면 자신이 받을 수 있는 보너스도 자동으로 계산됩니다. 여러분은 보너스를 잘 정산받고 있습니까? 안타깝게도 영세, 중소기업의 대표들은 직원들에게 보너스를 산정해줘야 할 시기가 찾아오면 대충 연필을 굴려 정산합니다. 그 정산 기준은 마음에 드는 직원이냐, 아니냐입니다. 그렇게 대충 정산하다 보면 회사 안에서는 불공평하다는 불만이 여기저기서 터져 나옵니다. 그야말로 혼란한 상태에 빠지게 되는 것이죠. 결국 대표는 보너스 산정을 바로잡기 위한 면담으로 귀중한 업무시간을 빼앗기게 됩니다.

대표가 해야 할 일은 전략을 세워 결과를 얻는 것입니다. 그런데 보너스 산정에 시간을 빼앗겨버린다면 정말 한심한 일입니다. 회사의 직원이 많아진다? 그러면 대표는 직원의 보수를 산정하는 일을 시간을 허비하지 않는 시스템으로 만들어놓아야 업무가 가중되지 않습니다."

"선생님의 말씀을 듣고 보니 그 목표 설정·실천 평가지는 정말로 획기적인 것으로 생각되는군요."

"네. 저도 획기적인 것으로 여기고 있습니다. 물론 이 평가지는 업종에 따라, 각 회사의 상황에 따라 다르게 적용됩니다. 모든 기업에 딱 들어맞지는 않겠지만 적어도 직원 수가 30명 정도 되는 기업에는 알맞은 평가지가 될 수 있다고 생각합니다."

"그러면 이제 여러분들이 응용할 수 있도록 평가지를 좀 더 자세히 설명해주세요."

"평가지는 스텝 0에서 스텝 4까지 있습니다. 스텝 0은 현재의 자기 자신을 인지하는 것입니다. 스텝 1은 미래의 자기 자신을 인지하는 것이죠. 스텝 2는 미래의 자신을 보는 것입니다. 스텝 3은 미래의 자신이 되는 것입니다. 그리고 마지막으로 스텝 4는 자신의 보수를 산정합니다.

'성공하려고 하지 말고 성공한다는 것을 알라'는 것을 그 누구보다 실천을 잘할 수 있도록 합니다. 스텝 0은 상당히 획기적인 섹션입니다. 실천회에 들어와서 따로 공부해두지 않으면 이해하기 어려운 개념입니다.

'① 당신의 학습 스타일'에서는 점수로 평가해서 여러분이 어떤 공부 방법을 취하는 것이 적절한지 알려줍니다. 이 평가 방법에 대해서는《이렇게 하면 조직은 바뀐다!》를 쓴 피터 클라인(Peter Kline) 선생의 책 259페이지에 질문 항목이 나와 있으니 그 페이지를 참고하시기 바랍니다.

이 방법은 어떻게 활용하면 좋을까요? 예를 들어 평가 점수가 이론이나 수학 부분이 낮고, 대인 능력은 높은 사람이 있다고 가정해봅시다. 그런데 그에게 컴퓨터 업무를 맡기면, 그는 스트레스가 쌓이게 됩니다. 스트레스가 쌓이면 업무의 퍼포먼스가 전체적으로 떨어져 컴퓨터 업무뿐만 아니라 원래 높았던 대인능력마저 떨어지게 됩니다.

또 신체를 움직이면서 학습해야 하는 타입의 사람에게 쭉 의자에 앉아서 일해야 하는 직무를 맡긴다면 그의 능력은 전체적으로 떨어집니다. 이렇듯 직원도 자신의 학습 스타일을 제대로 알고 있다면 자신에게 맞는 직무, 업무의 효율적인 수행방법 등을 공부할 수 있게 됩니다.

'② 당신의 과제(봄여름가을겨울 이론)'에서는 올 한 해의 자신의 인생을 파악해봅니다. '겨울에는 시행착오를 피하기', '봄에는 액셀을 밟기', '여름에는 체력이 있으니까 계속 열심히 달리기', '가을에는 하지 말라는 것을 하지 말기' 등, 인생의 계절마다 주요 주제가 있습니다.

이렇게 계절마다 제시된 주제를 직원은 자신의 인생에 빗대어 생각해봅니다. 자신의 인생 나이에 맞게 업무를 수행하고 선택하는 것을 신중히 하면, 직원은 현재라는 순간에 전력투구할 수 있게 됩니다. 이런 방식은 직원에게도 좋은 일이지만 경영자에게도 좋습니다.

'③ 회사(팀)에서 당신의 역할'에서는 회사의 성장 시기에 따른 역할, 업무 시기에 따라 그때마다 필요한 역할에 대해서 알게 됩니다. 모모타로에 비유하면, 나는 꿩인지, 원숭이인지, 아니면 개인지를 알 수 있게 되는 것이죠. 예를 들면 "지금 우리 회사는 성장기니까 개가 열심히 뛰어야만 해. 그렇다면 난 개의 역할을 해야겠어"라며 각오를 새롭게 다질 수 있습니다. 원숭이 역할을 맡은 사람은 창업가인 모모타로의 독주를 막고, 회사의 시스템을 만드는 일에 전력투구하는 것이 중요합니다. 따라서 대표를 용기 있게 상대하면서 No라고 말하는 것이 그의 주요 업무가 되는 것입니다.

보통의 조직은 이런 식으로 역할이 명확하게 구분되지는 않습니다. 대표의 의견에 반대하면서 No라고 말하는 직원은 퇴출되기도 하죠. 하지만 그렇게 될 경우, 회사는 멈추지 않고 폭주할 뿐입니다. 대표나 이사는 시기에 따라서 자신들에게 No라고 말할 줄 아는 직원을 중용할 줄 알아야 합니다. 반대로 No라고 말하는 역할의 인물, 즉 원숭이는 회사가 성장을 향해 막 이륙하고 있을 때는 No라고 말하는 것을 당분간 자제해야 합니다.

이런 식으로 서로에게 주어진 역할을 이해하고 적절히 활용하면 팀워크는 그다음 단계를 향해 순조롭게 움직이기 시작합니다. 그리고 미래의 자신을 인지하는 것, 미래의 자신을 보는 등의 각각의 섹션에 맞는 질문들을 살펴보면, 신경언어 프로그래밍에 기반한 목표설정의 질문법을 응용하고 있다는 것을 알 수 있습니다. 떠오르는 아이디어를 구체화해서 진짜 중요한 것으로 바꿉니다. 또 목표가 달성되지 않았을 때는 어떤 후회를 할 수 있는지를 생각해 적어봅니다. 이렇게 함으로써 정신적인 면에서 목표를 어떻게 바라보고 있는지 확인할 수가 있는 것이죠.

목표를 설정했다고 해도 한 걸음도 움직이지 않으면 행동은 이어지지 않습니다. 하지만 한 걸음이라도 떼서 움직이면 두 번째 걸음은 쉽습니다. 따라서 첫 번째 걸음을 적어봄으로써 바로 목표에 착수할 수 있도록 합니다. 이렇게 실행성이 높은 목표를 설정함으로써 첫 번째 걸음을 뗄 수 있는 짜임을 만들어나가는 것입니다."

"그런데 정말 대단한 것을 만드셨군요. 자기계발 노하우와 인사평가지를 조합하신 거네요."

"그것뿐만은 아닙니다. 덧붙여 보너스까지 기계적으로 계산할 수 있도록 만든 것이니까요. 또 직원을 해고하거나 업무에서 강등할 때 필요한 객관적인 기준을 제시해줍니다. 객관적인 기준이 바로 서 있다면 문제가 발생할 확률이 줄어들겠죠.

이렇게 사람 만들기의 시스템화를 해두면 또 하나, 상당히 효과적인 혜택을 얻을 수 있게 됩니다. 이런 평가를 1년에 한 번만 하지 말고 네 번을 하는 것입니다. 제가 꾸려가는 조직의 경우, 3개월을 1기로, 1년을 4기로 나누고 있습니다. 그렇게 하면 경영의 변화를 예측하기가 쉬워집니다. 예측이 가능해지면 진화의 속도가 빨라지게 됩니다.

대체로 회사는 1년에 하나의 목표를 설정합니다. 하지만 1년 전의 목표 설정에 대해서 대표가 정당하게 평가하기는 어렵습니다. 저는 3개월마다 목표 설정을 평가해 성과가 좋으면 직원들에게 보너스를 주고 있습니다."

"그렇게 하면 보통의 기업들의 4배의 속도로 변화에 대응할 수 있게 되는 것이군요."

"물론입니다. 전략은 기동적으로 움직이고 실적은 안정화됩니다."

"이 평가지에서 보이는 '⑥ Entrepreneurship'은 무엇인가요?"

"그것은 사내에 기업가를 만드는 제도입니다. 다른 말로 '기업가 정신'이라고도 하지요. 직원들 중에는 사내 창업을 꿈꾸는 사람들이 있습니다. 그런 사람들은 이 기업가 정신을 선택하게 되는 것이죠.

사내 창업에 성공하면 급여는 천정부지로 치솟습니다. 왜냐하면 이들이 창출한 수익에서 할당된 비율만큼 지급이 되기 때문입니다. 하지만 사내 창업이 실패할 경우에는 급여가 떨어지게 됩니다. 이 기업가 정신이 최종적으로 지향하는 것은 직원 한 사람, 한 사람이 가지고 있는 빛나는 부분을 발견해 그것을 수익으로 연결시키는 조직을 만드는 것입니다."

"한 사람의 빛나는 부분을 발견해 그것을 수익으로 연결한다? 이상향과도 같은 이야기로군요."

"확실히 그렇긴 합니다. 꿈같은 이야기죠. 그런데 이 평가지에서 이상향으로 갈 수 없다고 딱 잘라 말할 수 있는 대목이 있나요?"

"음, 없습니다."

"네. 없죠? 저는 이렇게 직원 한 사람이 가지고 있는 우수한 면을 발견해, 그의 인생을 이해하고 서로 배우기 위한 역할을 알게 된다면, 그리고 팀을 만들어나가는 회사가 점점 많아진다면, 우리 사회가 창조적인 사회로 나아갈 수 있다고 믿고 있습니다. 그래야 가정도, 회사도 행복해지는 것이 아닐까 생각합니다.

또 직원 개인이 하나의 인간으로서 성장하는 것도 지켜볼 수 있습니다. 직원이 개인으로 존중받고 존재를 인정받는 것으로 행복해질 수 있다면, 그 행복은 가정에도 고스란히 전달된다고 봅니다."

"그 행복 전달의 근간이 되는 것이 이 평가지로군요."

"그렇습니다. 이 평가지의 제목은 조금 아까와 같은 이유로 원래 '개인과 사회의 행복을 이어주는' 이런 식으로 지어지는 게 합당합니다. 여러분은 부디 '성장'을 '행복'으로 바꿔서 보셨으면 좋겠습니다."

"와, 끝에 이런 평가지가 튀어나오다니 예상 밖이었습니다. 끝에 말씀하신 것은 상당히 구체적이었습니다."

"물론입니다. 제가 현실의 비즈니스에서 사용할 수 없는 이야기를 언제 한 적이 있나요? 오늘은 여기서 마칩니다만, 지금까지 제가 말씀드린 내용은 여기 여러 페이지에 걸쳐서 소개된 평가지에 전부 나타나 있습니다. 응용할 수 있는 부분은 여러분의 회사에 적용해보시길 바랍니다.

마지막으로 이번 내용에서 경영이라는 것은 그리 간단하지 않다는 것을 알게 되셨기를 바랍니다. 경영과 가정은 밀접하게 관련되어 있고 부부관계의 불균형이 그대로 경영에도 영향을 미친다는 것을 알고 계셔야 합니다. 또 부자관계가 해결되지 않고 문제가 복구되지 않으면, 그 것 또한 회사에 지대한 영향을 미칩니다.

결국 경영자는 회사를 통해 분열된 자기 자신을 통합해나가야 합니다. 그 과정을 짜면 이번에는 회사의 문화를 통해 그 회사에서 근무하는 직원들이 분열된 자신을 치유해나갑니다. 이런 선순환 구조가 점점 확산되면, 중소기업의 경영자도 기폭제가 되어 새로운 시대를 열 수 있게 됩니다. 저는 이런 원대한 꿈이 실현될 수 있다는 것을 알고 있습니다."

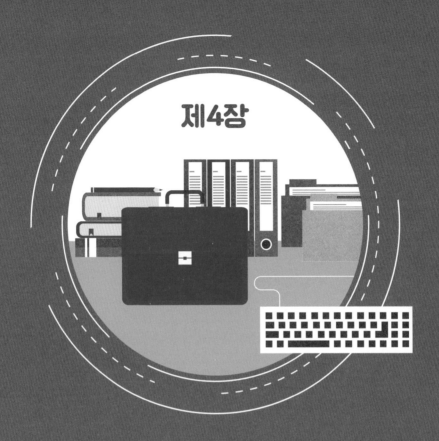

제4장

비즈니스의
생애주기를 생각하다

· · ·

'미래예측'이야말로 지금의 간다 마사노리가 가지고 있는 진면목입니다.
그 '핵심'은 여러 상황에서 볼 수 있는 '생애주기'입니다.
간다 마사노리는 '손재주'가 통용되지 않는 요즘 시대에
다이렉트 마케팅을 잘하려면
생애주기에 대한 의식을 갖추는 것이 절대적인 조건이라고 말하고 있습니다.

세계의
생애주기

　지금부터 수년 사이에 20세기의 총결산이 시작될 것이라는 전망이 있습니다. 자동차 업계에서도 이미 기술의 총결산이 이루어지고 있죠. 1800년대 후반부터 시작한 휘발유 자동차의 길었던 생애주기가 이제 막 종말을 맞이하려는 단계에 접어들고 있습니다.

　이런 최종 국면을 맞이하면 기술 박람회가 벌어지게 됩니다. 실제로 2003~2004년은 최고 속도 300킬로를 뛰어넘는 슈퍼카가 여기저기서 발매됐습니다. 메르세데스에서는 스포츠카로 벤츠SLR, 고급 세단으로 마이바흐를 선보였죠. 아우디는 람보르기니를 사들여 V10모델을 개발하고 있습니다. 폭스바겐도 최근 광고 시장을 뜨겁게 달구면서 본격적으로 스포츠카 발매를 준비하고 있습니다.

　전 세계가 디플레이션에 빠진 상태에서도 자동차 각 브랜드들은 수천만 엔을 호가하는 자동차가 시장에서 잘 팔릴 것이라고 예상합니다. 그래서 속속 기술이 결집된 상품들을 선보이고 있죠. 총결산이 끝나면 신제품이 반입됩니다. 따라서 2010년에 이르기까지는 새로운 기술이 생애주기상 도입기로 들어간다는 것을 예측할 수 있습니다.

지금은 모든 산업 분야에서 60~70년의 긴 생애주기가 끝나는 시점이라고 보면 됩니다. 즉, 새로운 생애주기가 시작되기 직전인 것이죠. 그렇다는 것은 지금부터 수년간은 지금까지와는 전혀 다른 문화, 기술이 나타나기 시작해 그것이 시장에 그대로 적용된다는 것을 알 수 있습니다.

제가 여러분들이 이 움직임을 미리 알아두셨으면 하는 이유는 지금부터 수년간은 지금까지 우리가 공부해서 알고 있던 마케팅 기술보다 변화를 예측하는 것이 더 중요하기 때문입니다. 변화를 예측하지 못하면 변화에 편승하는 것이 어려워집니다. 그 말은 다음 생애주기에 올라탈 수 없게 된다는 뜻이기도 합니다. 자칫하면 지금까지의 생애주기의 쇠퇴곡선 위를 달리게 될지도 모릅니다.

선원들이
목숨을 잃은 이유

생애주기가 끝나가는 과정에 대해서는 맥킨지의 리처드 포스터(Richard Foster)가 쓴 《CREATIVE DESTRUCTION Why Companies That Are Built to Last Underperform the Market - and How to Successfully Transform Them》에 흥미로운 사례가 쓰여 있어 여기에 소개해 보겠습니다.

1880년에는 범선이 미국과 주 사이를 빈번하게 항해했습니다. 사실 1807년에는 증기선이라는 기술이 존재했지만, 1820년까지는 비용 문제에서 효율적이지 않았고, 1890년이 될 때까지는 거의 상용화가 되지 않았습니다. 그런데 증기 엔진의 성능이 크게 올라가면서 범선은 증기선과 시장을 급속도로 공유하게 된 것입니다.

그사이에 범선의 기술은 어떻게 됐을까요? 증기선에 주도권을 빼앗긴 범선은 기술력을 계속 개선했고, 그 결과 개량된 모델을 개발하게 됩니다. 그런데 범선의 기술력에는 물리적인 한계가 있었습니다. 1907년 12월 13일, 영국의 터너 선장이 이끄는 토마스 로손 호가 60노트의 속도로 항해하던 도중에 조종 불능상태에 빠져 좌초되는 일이 벌어집니다. 선장은 기적적으로 생명을 구했지만, 다른 선원들은 영영 돌아오지 못했습니다.

100년도 전에 벌어진 사건이지만, 지금도 그와 비슷한 일이 벌어지려 하고 있습니다. 기술은 계속 발전과 개선을 거듭하며 왔습니다. 그러면서 새롭게 탄생한 기술은 급속도로 시장에 침투합니다. 그러면 버티고 있던 옛 기술은 어느 한계 지점에 도달하는 순간 뚝 하고 끊어집니다. 즉, 역사 속에서만 살아남는 존재가 되어버리는 것입니다. 이런 흐름을 잘 알고 있지 않으면, 우리는 언젠가 좌초될 예정인 배에 승선하는 선원이 됩니다.

좀 더 자세히 시대의 변화에 대해 설명드리겠습니다. 우리는 배가 좌초하는 시점을 예측할 수 있습니다. 생애주기의 끝에 다다르면 제품의 수명은 짧아집니다. 사실 제품의 수명은 성장 커브에 따라 그 비율까지 계산되어 있습니다. 그 계산에 따르면, 성숙기에 돌입한 제품은 성장기 제품의 약 3분의 1의 수명을 가집니다(182페이지 참고).

휴대전화의 예[15]를 들어볼까요? 제가 휴대전화 기종의 제품 수명을 계산해보겠습니다. 수년 전, 도코모[16]의 휴대전화 중 502i라는 기종의 제품 수명은 발매 후 불과 한 달 정도 지나자 가격폭락이 나타났죠. 이런 가격폭락 현상이 생기면 고객은 기종 변경을 시도합니다. 그러면 제품의 수명은 더 짧아지게 됩니다. 502i가 1년 버텼다면 504i는 약 3개월 정도만 버텼습니다.

---

15) 휴대전화의 예 : 2002년 당시의 이야기인데, 지금은 기술의 변화 속도가 더 빨라져 제품의 생애주기는 훨씬 더 짧아지고 있습니다.

16) 도코모 : 일본의 통신회사입니다. - 역자 주.

▌ 생애주기의 단축과 포화점의 관계 ▌

생애주기의 길이 (장수주기에 따른 비율)	포화수준 (최고점 도달율%)
0.17	3.1
0.19	4.0
0.20	5.2
0.22	6.9
0.24	9.1
0.30	12.8
0.41	20.0
0.70	31.4
1.00	50.0
0.70	68.6
0.41	80.0
0.30	87.2
0.24	90.9
0.22	93.1
0.20	94.8
0.19	96.0
0.17	96.9

성숙기에 돌입할 때의 제품 수명은 성장기의 약 3분의 1이 된다.

《'S커브'가 불확실성을 극복한다》(세어도어 모디스, 도큐에이전시 출판)에서 참고.

그런데 이것을 뒤집어 생각하면 제품 수명이 성숙기의 3분의 1이 되면, 그 제품은 성숙기를 넘어서 제품 전체에 혁신의 바람을 불러일으킨다는 것을 예측할 수 있습니다. 예를 들면, 통신 속도가 크게 향상된 다음 차세대 기종이 새롭게 탄생하는 것과 같은 현상입니다. 이런 변화는 제품군에만 해당하는 것이 아니라 제품을 생산하는 회사에도 불어닥칩니다.

1920년대에는 회사의 수명을 60~70년 정도로 봤습니다. 그러다가 1960년대에 들어서면서부터는 30년으로 줄어들었죠. 지금은 평균적으로 15~20년 정도밖에 되지 않습니다. 회사의 수명은 앞으로는 10년도 채 되지 않으리라고 전망합니다.

이것은 무엇을 의미하는 현상일까요? 회사가 몇 세대에 걸쳐서 존속할 것을 전제로 할 수는 없습니다. 대를 이어 회사를 존속하게 되면 회사의 내용 자체에도 큰 변화가 생깁니다. 오래된 상점인 노포나 전통을 이어 나가야 하는 경우는 존속 자체가 사명이 됩니다. 하지만 높은 수익을 창출하기는 구조적으로 어렵습니다. 자기가 일할 수 있는 햇수보다 회사의 존속 햇수 쪽이 더 짧아지기 때문입니다. 미국의 경영학자인 피터 드러커(Peter Drucker)가 말한 것처럼, 예전에는 하나의 기술만 배워도 평생 먹고살 수 있었지만, 지금은 한 사람이 10년마다 새로운 회사를 다니며 새로운 기술을 익혀야 그나마 먹고살 수 있습니다.

자본주의가 성장하고 있었던 시기의 회사 수명은 60년이었습니다. 2010년에는 회사의 수명이 10년이 됩니다. 과거에 비하면 약 17%인 셈인 것이죠. 이 수치를 앞의 도표에서 보면 포화율 96.9%에 해당합니다. 즉, 성공 커브에 따라 살펴보면, 자본주의적 회사가 쇠퇴기에 진입하고 있다는 것을 분명하게 알 수 있습니다. 앞으로는 지금까지의 자본주의적 회사, 즉 이익을 추구하는 회사의 콘셉트는 크게 붕괴되고, 전혀 새로운 경제 모델이 부상할 가능성이 있습니다.

저는 앞으로 NPO적인 경제 모델[17]이 탄생할 것이라고 예측합니다.

---

17) NPO적인 경제 모델 : 간다 마사노리의 'NPO적인 것'에 대한 견해는《2022 - 지금으로부터 10년, 활약할 수 있는 조건》(PHP신서, 2012년 발행)에 자세히 쓰여 있습니다.

일본은 아직 NPO를 설립하는 데 있어서 세금 면에서 특별한 혜택은 없습니다만 사명을 가지고 임하는 회사, 즉 이념을 상당히 의식하고 그것을 회사의 존재의식으로 삼는 회사들이 다수 탄생할 것이라고 봅니다.

이처럼 현재, 수많은 지표는 새로운 시대가 수년 후에 시작될 것이라고 알려주고 있습니다. 이 시대의 변화는 많은 사람이 생각하고 있는 것 이상으로 엄청난 변화입니다.

얼마 전, 미국에 방문한 적이 있었습니다. 2,000억 엔을 번 컨설턴트이면서 제가 '비즈니스계의 아인슈타인'이라고 부르는 마틴 슈날드 씨도 마찬가지로 이 현상에 대해서 명확하게 표현하더군요. 그는 다음과 같이 말했습니다.

"1920년대부터 우리가 경험한 변화는 트랜지션(transition, 이행)이었습니다. 그런데 그중 몇몇은 트랜스포메이션(transformation, 변혁 또는 진화)이었죠."

사실 저나 마틴은 트랜스포메이션이 겨우 100년이라는 시간 동안에 일어나는 변혁이라고는 생각하지 않습니다. 적어도 2000년이라는 시간이 걸리는 것으로 생각하죠. 지금까지 2000년을 걸쳐서 이행된 역사 자체가 끝을 향해 달려갈 때 근본적인 변혁, 다음 세대로의 이행이 불가피하다고 여기는 것입니다. 그러한 극적인 변혁이 지금으로부터 수년 동안 일어나기 시작합니다. 그 사실을 잘 인지하고 있어야 합니다.

트렌드를
현금화하는 타이밍

커다란 변혁이 일어나고 있음에도 컨설턴트라는 입장에서는 손재주만 부리고 있는 형국입니다. 세상이 큰 변화 없이 일정하게 돌아가고 있을 때는 손재주만 부려도 괜찮았습니다. 그러니까 메일의 문장을 어떻게 구성할지, 광고성 문장을 어떻게 쓸지에 따라 성장하는 것이 가능했던 것이죠. 고객획득실천회의 경우도 마찬가지입니다. 작은 손재주로 꾸려가는 것이 가능해 지금까지 별 탈 없이 급성장했습니다.

하지만 지금은 상황이 다릅니다. 고객획득실천회의 존속 의식을 팽개치더라도 지금 말씀드리지 않으면 안 되는 것이 있습니다. 그 어떤 천재 컨설턴트라도 손재주만으로는 연명하기 힘든 시대가 도래했다는 것입니다.

전략이 제대로 적중하기만 한다면 손재주의 테크닉, 그러니까 전술만으로 간단히 매출을 상승시킬 수 있습니다. 전략은 필요조건, 전술은 충분조건입니다. 전략이 들어맞지 않는 경우에는 그 어떤 전술을 펼치더라도 무용지물입니다.

그렇다면 전략이란 무엇일까요? 전략은 사업 성장을 위해 외적 환경

(회사를 둘러싼 환경)과 내적 환경(사내의 자원)으로부터 최대한의 강점을 끌어내는 것을 말합니다. 지금부터의 세상은 외적 환경이 극적으로 변화하는 시기입니다. 슬슬 쇠퇴기로 접어드는 사업은 가망이 없습니다.

어느 날, 저희 집 근처에 큰 고기구이집이 생겼습니다. 고기구이로 생계를 이을 생각으로 창업을 했지만, 결국 반년도 못 가서 폐업하고 말았습니다. 이 문제는 전단지를 잘 만들어 광고한다고 해서 해결될 문제는 아닙니다. 머리가 좋다, 나쁘다, 노력하다, 노력을 안 하는 것의 문제도 아닙니다. 고기구이집이 망한 이유는 사업 구조상의 문제입니다. 즉, 존속이 불가능했기 때문입니다.

어쩌다 방송을 타면 일시적으로 잘될 수도 있습니다. 고기구이집 이름을 '환상적인 고기구이'로 지으면 프랜차이즈로 대성공할 수도 있습니다. 하지만 그런 수익 구조가 과연 몇 년이나 지속될까요?

조금만 생각해보면 세상의 흐름은 꽤 명확합니다. 하지만 일본인은 대응이 좀 느린 편이죠. 생애주기라는 개념을 잘 모르기 때문에 세상의 흐름을 잘 읽을 수도 없고, 또 세상의 흐름을 모르기 때문에 인간의 행동양식이 어떻게 변하는지 잘 인지하지 못합니다. 그러므로 어떤 타이밍에 자신의 몸을 실어야 할지 잘 모르고 있는 것입니다. 큰 변혁의 시대가 다가올 때, 파도타기의 흐름만 알고 있다면 영세기업도 대기업으로 도약할 수 있습니다. 말하자면, 여러분에게는 인생 최대의 기회가 찾아오는 것입니다.

학원업계를 예로 들어보겠습니다. 학원업계는 지난 수년간 비참한 상태였습니다. 광고 전단지를 만 장 가까이 뿌려도 문의 전화는 수 건에 지나지 않습니다. 신장개업한 학원의 경우, 프랜차이즈 가맹 비용조차 지불할 능력이 안 됐습니다. 이 시기의 학원업계는 이미 성숙기에 접어들어 개선될 여지가 없다고들 했습니다.

그런데 그중에서도 트렌드에 민감한 교육법을 시행하고 있는 학원은 승승장구했습니다. 수강을 요청하는 학원생들이 급속도로 늘고 있었죠. 그렇게 된 이유 중 하나는 학생들이 토요일, 일요일에 학교에 가지 않게 되면서 집에 머무는 시간이 길어졌기 때문입니다. 집에 있게 된 아이들은 계속 게임만 합니다. 체력이 떨어지고 부모가 하는 말을 잘 듣지 않게 됩니다. 패닉상태에 빠진 부모는 '학원에라도 보내야지'라는 생각에 이릅니다.

그렇게 되면 어떤 학원들이 유행하게 될까요? 학생들이 스스로 공부할 수 있는 능력을 심어주는 학원, 즉 공부하는 습관을 몸에 익히게 하는 학원이 유행하게 됩니다. 그리고 학교를 대신해, 인성교육까지 담당하는 학원이 인기를 끌게 되는 것이죠. 이런 학원이 유행을 일으키면서 새로운 성장 커브를 그리게 됩니다. 이런 흐름 속에서 학원은 자율학습을 위한 브랜드, 즉 신용, 실천을 목표로 삼는 학습법을 만들면 수년 후에는 크게 성장할 수 있습니다.

구몬학습의 경우도 괜찮은 학습법이라고 저는 생각합니다. 제법 괜찮은 시기에 '살아가는 힘'을 길러주는 책자를 만들었기 때문입니다. 구몬학습에서 발행하는 책자는 꽤 잘 만들어진 책자입니다. 아마도 다시 학습지 시장에 확산될 것이라고 저는 전망하고 있습니다.

사실 예전부터 몇몇 개의 학원들은 광고 전단지나 설명회 등에서 자율학습의 중요성을 강조했습니다. 하지만 부모들의 반응은 시큰둥했죠. 사람은 현실에서 아픔을 느끼지 않으면 움직이지 않습니다. 그러다가 갑자기 통증을 느끼면 그제야 부랴부랴 움직입니다. 이런 인간 행동의 양식을 미리 알고 있다면 통증이 일어나기 전에는 준비만 하고, 통증을 감지한 순간부터 계획을 실천합니다. 통증을 느끼기도 전에 움직이면 괜한 비용이 미리 발생합니다. 그렇게 되면 매출을 끌어올리는 단계까지 가기도 전에 지쳐버리게 됩니다.

다음부터 들려드리는 이야기는 '2000년 문제'[18]가 일어났을 때의 일입니다. 사람은 코너에 몰려서야 움직인다는 행동양식은 이때도 그대로 적용됐습니다. 12월 31일에 2000년 문제를 위한 생수와 음식을 판매한 사람은 꽤 괜찮은 매상을 올려 성공했습니다. 하지만 그전부터 광고에 투자하고, 2000년 문제를 사람들에게 인식시키기 위해 돈을 쓴 사람들은 거의 깡통을 차고 말았습니다. 차일드 시트[19]의 경우도 마찬가지입니다. 차일드 시트가 의무화되기 전까지 이에 대비하고 미리 준비하는 사람은 거의 없었습니다. 의무화가 되어서야 비로소 소비자가 움직였습니다.

이 얼마나 안타까운 일인가요! 우리는 위험한 상황에 노출되어 있는데도 불구하고, 긴급 사이렌이 발동하기 전까지는 아무도 움직이지 않습니다. 결국 노아의 방주가 저기에 있어도 대부분 사람은 홍수가 밀어닥치기 전까지 꿈쩍도 하지 않는다는 이야기입니다. 이렇게 둔감한 사람이 많아서 시류의 흐름을 감지할 수 있는 민감한 사람이 쉽게 돈을 벌 수 있는 비즈니스를 할 수 있는지도 모르겠지만요.

---

18) 2000년 문제 : 서기 2000년이 되면 컴퓨터가 내장된 프로그램의 날짜를 잘못 인식해 오작동할 수 있는 가능성이 있다고 해서 제기된 문제입니다. 다양한 시스템의 문제(라이프라인 등)가 일어날 것으로 예측했지만 큰 혼란은 일어나지 않았습니다.

19) 차일드 시트(child seat, 유아용 카시트) : 차일드 시트의 의무화는 2000년 4월에 시행됐습니다.

그렇다면 민감한 사람은 어떻게 비즈니스에 성공할 수 있을까요? 그 예를 찾아보겠습니다. 얼마 전의 일입니다. 많은 사람이 익히 알고 있는 저명인사를 만나고 왔습니다(사적인 이야기이기 때문에 가명으로 말씀드립니다).

그는 3명 정도의 소수 인원으로 진행한 중국 관련 비즈니스로 약 3억 엔 가까운 수익을 올렸다고 했습니다. 그는 4~5년 전부터 '중국은 성장할 것'이라고 예측하고, 어떤 사업을 진행할지 구상했다고 하더군요.

"중국 경제가 성장한다고는 하지만 물가는 계속 요동칠 것이네. 경제 성장률이 7%가 되기 전까지 중국 정부는 공동 투자를 상당히 지속할 것이라네. 그래서 난 생각했지. 공동 투자에서 필요한 항목은 무엇인가 하고 말일세. 내가 내린 결론은 동력 추진기였다네."

아이디어를 낸 그는 일본에서 동력 추진기 회사를 흥정해 중국에 회사를 설립했습니다. 설립한 회사에 투자한 그는 판매회사까지 설립하게 됐죠. 창업 첫해에는 동력 추진기 몇 대를 팔았습니다. 2년 후에는 몇십 대를 팔았고, 3년 후에는 200대를 훨씬 넘게 팔았습니다. 무려 3억 엔의 수익을 올리게 된 것입니다.

그가 가진 놀라운 능력은 돈을 버는 능력에만 있는 게 아니었습니다. 바로 돈을 쓰는 능력도 훌륭했죠. 그는 벌기까지의 돈은 반쪽 제품, 비로소 써야만 완제품이라고 생각했습니다. 그는 그렇게 번 돈으로 직원들과 친구들을 데리고 퍼스트클래스 비행기표를 끊어 초호화 유럽 여행을 다녀왔습니다.

돈을 벌 줄 아는 사람은 그와 같은 발상을 하는 사람이라는 것을 문득 알게 되더군요. 시대를 읽어내는 매의 눈, 그리고 변화에 대응하는 힘. 이것이 앞으로의 경영자가 갖춰야 할 중요한 자세라고 생각합니다.

펀드매니저인 오오타케 케이이치(大竹愼一) 선생님께서도 얼마 전에 있었던 강연회에서 이렇게 말씀하셨습니다. "이라크 전쟁이 일어나게 될 경우, 주가는 어떻게 될까요?"라는 질문에 그는 다음과 같이 대답했습니다.

"일본인은 말이죠. 지금부터 그 일이 일어나면 어떻게 될까를 고민합니다. 그 때문에 언제까지나 세계에서 한 발짝 늦어 미국과 유럽의 프로 투자자들에게 먹히는 것입니다. 이라크 전쟁이 일어나는 것은 기정사실입니다. 장래에 이런 일이 일어날 것인가를 생각하지 말고, 지금 이 일이 일어났다고 생각하고 움직여야 합니다."

낡은 생애주기에서
새로운 생애주기로 갈아타려면?

그렇다면 시대의 흐름에 어떻게 편승하면 될까요? 제가 생각하는 흐름에 올라타는 방법은 다음과 같습니다.

- NPO 또는 사명감을 기반으로 한 사회적 이념이 있는 기업의 번영
- 세계의 가격 차이를 바로잡는 움직임
- 업계가 무너지는 것을 막는 인허가
- 고령화사회 진입에 대비한 대응(일본은 다른 어느 국가보다 심각한 문제를 안고 있음)
- 단카이 주니어[20]를 위한 창업교육
- 노후 생활의 재정 문제
- 더 편리한 생활로의 이행 지원(중식 제공, 택배 서비스의 증가)
- 더 빠르게 성과가 나오는 상품 및 서비스
- 단카이 세대의 청춘시대를 추억하게 하는 니즈

---

20) 단카이 주니어 : 1947~1949년에 태어난 일본의 베이비붐 세대의 자녀들입니다. - 역자 주.

- 기업가 자녀들을 위한 교육 서비스
- 정신과 내면세계로의 심취
- 나노테크놀로지, 바이오 산업 등 선진기술 산업으로의 이행

지금은 위에 적힌 내용의 방향으로 시대의 흐름이 바뀌고 있는 과정입니다. 그 흐름의 속도는 이전과 비교할 수 없을 정도로 엄청나게 빠릅니다. 그 속도에 맞추기 위해서는 싫을 정도로 빠른 속도로 여러분 자신, 그리고 회사의 조직을 변화시켜야 합니다.

변화하려면 기존의 것을 파괴해야 합니다. 지금까지 해왔던 것들을 딱 잘라서 버릴 각오를 해야 하죠. 수익률이 떨어지는 상품, 고객을 계속 잘라내야 합니다. 지금까지의 관습을 버리고 자유로워져야 합니다. 이것을 우리는 창조적 파괴라고 합니다.

"그렇다면 지금까지 해왔던 일을 모두 그만두죠!" 이렇게 아무 생각도 없이 내뱉는 사람은 바보입니다. 지금 하는 일로부터 필요한 깨달음을 얻지 못하면, 결국 또 똑같은 일을 반복하게 됩니다. 지금은 결단하지 않아도 됩니다. 상상만 해도 괜찮으니 한번 해봅시다.

지금 여러분이 꼭 해야만 하는 일을 전부 그만둔다고 상상해봅시다. 지금은 이 매상이 없어지면 당장 곤란해지지만, 안 하고 있으면 안 되는 것들 같은 것 말입니다. 예전에 하고 싶었던 일이지만 지금은 하고 싶지 않은 것들. 그런 일들을 나열해봅시다.

1.

2.

3.

4.

5.

이렇게 나열한 일들은 제일 괴로운 일들입니다. 본래의 여러분 모습을 찾는 데 장애물이 될 가능성이 큰 것들이죠. 그런 의문이 드는 일들을 머릿속에서 하나씩 지워봅니다. 그렇게 했을 경우, 어느 정도의 시간이 남을까요? 진짜 하고 싶은 일을 하기 위해 얼마큼 노력할 수 있게 될까요? 그렇습니다. 이 발상을 하게 되면 꼭 해야만 한다고 생각했던 일들이 사실은 안 해도 되는 일들이었다는 것을 깨닫게 됩니다.

우리 실천회 회원님들은 올해 경영계획을 새로 짜서 새로운 각오를 다짐하고 있을 것입니다. 올해 새롭게 도약하고 싶은 계획이 있다면 이렇게 실천해보세요. 우선 꼭 하지 않으면 안 될 일을 생각해 그것을 일단 그만둔다고 상상합니다. 그리고 자유의 몸이 된 다음, 진짜로 하고 싶은 일이 무엇인지 계획을 다시 세워보세요.

전략과 전술은
동시에 움직인다

저번에 열린 골드 전화회의에 약 70명 가까운 사람들이 참석했습니다. 70명이 던지는 다양한 질문을 받으며, 짧은 시간 동안 깨달은 게 있었습니다. 이번에는 이 점에 대해서 먼저 말씀드릴까 합니다.

질문의 약 6~7할이 현재 실행하고 있는 광고 전단, DM의 고객 반응률을 높이고 싶다는 내용이었습니다. 그런데 질문들 속에는 그 문제를 해결할 가장 중요한 내용이 빠져 있었습니다. 그 중요한 내용이란 무엇일까요? 바로 대표의 전략입니다.

광고 전단, DM의 고객 반응률을 높이는 것은 전술에 해당합니다. 전술도 중요하지만, 전략이 적절하지 않으면 그 어떤 훌륭한 DM을 만든다고 해도 아무 소용이 없습니다. 그리고 적절한 전략은 대표의 비전이 명확하지 않으면 절대로 만들어질 수 없습니다.

란체스터 경영의 다케다 요이치(竹田陽一) 선생님[21]은 결과에 따른 중요성을 생각한다면, '전략이 8할, 전술이 2할'이라고 하셨습니다. 저 또

---

21) 다케다 요이치(竹田陽一) 선생님 : 란체스터 이론(160페이지 참고)을 경영에 적용해 중소 영세 기업에 특화된 컨설팅으로 활약하고 있는 베테랑 컨설턴트입니다. 많은 책을 저술했습니다.

한 선생님의 의견에 동의하는 바입니다. 요약하자면, 전략이 올바르다면 어떤 사람이 상품을 판매한다고 해도 잘 팔립니다. 전략이 올바르고 전술까지 올바르다면 그 어떤 사람도 억만장자가 될 수 있습니다. 이것은 절대로 농담이 아닙니다. 억만장자는 머리가 좋아서 되는 게 아닙니다. 인생의 전략과 전술이 다른 사람과 다를 뿐입니다.

많은 회원이 현재 애써서 만들고 있는 광고 전단이나 DM의 고객 반응률을 높이고 싶어 합니다. 물론 반응률을 올리는 방법도 있습니다. 저의 책에서 사례를 소개하고 있는 것처럼, 반응이 약 10배 가까이 올라가는 광고도 있습니다. 그렇다고 광고만 공부한다고 해서 모든 문제가 사라져 편하게 살아갈 수 있는 것도 아닙니다. 좀 웃기는 이야기지만 광고 전단을 조금 수정해서 반응률이 올라가는 경우는 상품은 좋은데 판매하는 방법을 잘 몰랐던 경우가 더 많습니다.

실제 사례에서 광고의 반응률을 올리는 정도로는 미약한 효과밖에 얻지 못합니다. 약간의 여유를 가지고 생활하고 싶다 정도의 염원만 있다면 모르겠지만 '재정적인 면에서 자유롭고 싶다' 또는 '나한테 혹시 무슨 일이 생길 경우를 대비해 충분한 재산을 가족에게 남기고 싶다'라는 목적을 갖고 경영을 하는 것이라면, 필히 비즈니스 자체의 변혁을 꾀해야 합니다.

좀 더 직설적인 방법으로 말씀드려볼까요? 다음의 자료를 한번 봐주시길 바랍니다.

〈미국의 부유층을 탄생시킨 산업계 비율〉

● 1801~1850년

• 철광 30.2%   • 철도 16.0%

• 금융 10.4%   • 석유 7.5%

• 은행 5.7%   • 철강 5.7%

• 운송 4.7%   • 기타 19.8%

● 1851~1900년

• 석유 15.8%   • 자동차 15.8%

• 은행 10.5%   • 기타 57.9%

● 1900년~

• 소프트웨어 25.0%   • 정보통신 관련 16.7%

• 직접판매(통신판매, 방문판매) 16.7%   • 금융 16.7%

• 기타 24.7%

이것은 수십 년 전과 현재의 억만장자가 어떻게 탄생했는지 산업계의 비율 변화를 보여주고 있습니다. 불과 수십 년 전에는 괜찮았던 산업이 지금은 아예 항목에서 빠져 있음을 확인할 수 있습니다. 지금 돈을 쓸어 모으고 있는 사람들은 컴퓨터 관련 업종이나 금융, 그리고 컨설팅 등의 정보 관련 비즈니스입니다. 덧붙인다면 상인이 거부가 된 것은 1800년 이전입니다.

이를 통해 우리가 알 수 있는 것은 억만장자가 되려면 '노력해야 한다', '공부를 잘해야 한다'와는 영 관련이 없다는 사실입니다. 부자가 되려면 자신이 하는 산업이 성장업계에 놓여 있는지가 가장 중요합니다. 그 이야기는 반대로, 기존의 산업계에 계속 몸을 담기로 했다면 자기 자신뿐만 아니라 가족마저 위험에 빠뜨릴 소지가 커질 수 있습니다.

　다른 사례로 생각해봅시다. 어느 마을에나 작고 낡은 철물점이 있습니다. 빨랫줄이나 절임 통 등이 가게 앞에 진열되어 있죠. 그런데 손님이 찾아오는 것을 최근 반년 동안 거의 본 적이 없습니다. 게다가 이런 상점에서 매출을 올리기 위해 광고 전단을 만들었다고 합니다. 여러분은 이 상점의 연 매출을 어디까지 끌어올릴 수 있다고 자신할 수 있습니까? 어떤 대단한 천재가 작성한다고 해도 연 매출 1,000만 엔을 목표로 하기는 어려울 것입니다. 극단적인 예시를 들긴 했지만, 여러분이 알아두어야 할 것은 그만큼 변화를 꾀하지 않으면 얼마든지 실패를 할 수 있다는 것입니다. 과거 철물점은 그 지방의 부자들만 운영할 수 있었던 것이었습니다. 하지만 현재 많은 철물점이 폐업하고 있는 것은 변화에 적응하지 못했기 때문입니다.

딱
말하자

2003년은 예측하는 힘이 필요한 해입니다. 2002년도, 2004년도, 2005년도 물론 중요하지만, 특히 올해 2003년은 예측하는 힘이 중요합니다. 왜냐하면 엄청난 변화가 다가오기 때문입니다.

현재 경기가 안 좋다고 하지만 이번의 불황은 상당히 더 좋지 않습니다. 경기 순환에 따른 단순한 불경기가 아닌, 정말로 '갖고 싶다'라는 소유의 개념 자체가 변화하고 있는 시점이기 때문입니다. 한마디로 말씀드리면, '가지고 싶은 것이 없다'의 단계에서 '가지고 있어 봐야 오히려 마이너스의 손실을 준다'라는 상품이 점점 불어나고 있다는 것입니다.

예를 들면 팩스가 그렇습니다. 지금까지 팩스는 각 회사에 한 대 정도는 필수적으로 놓여 있었습니다. 그게 당연한 일이었죠. 하지만 지금은 아닙니다. 현재 저의 사무소가 있는 한 층에는 다른 회사 세 곳이 있는데 팩스를 사용하고 있는 회사는 단 한 곳뿐입니다. 팩스는 왜 점점 사라지고 있을까요? 팩스의 자리를 컴퓨터가 대체하고 있기 때문입니다. 컴퓨터에서 송수신이 가능하니 팩스 기기를 굳이 들여놓을 필요가 없습니다. 종이를 사용하지 않는 페이퍼리스 회사를 지향하므로 팩스를 가지고 있는 것 자체가 마이너스를 가져오는 것입니다.

다른 예를 들어보겠습니다. 지금까지 패스트푸드는 보다 편리한 식사를 제공해준다는 점에서 급성장했습니다. 그런데 지금은 어떤가요? 소비자들이 건강을 중요시하게 되면서 패스트푸드를 죄악시하고 있습니다. 패스트푸드의 경우도 소비하는 것이 마이너스를 생산하는 격이 된 것입니다.

이처럼 성숙기가 끝나고 쇠퇴기에 진입한 산업이 현재 크게 늘고 있습니다. 이것을 표로 만들면 다음과 같은 그림이 나옵니다. 우리는 대체 이런 상황에서 무엇을 할 수 있을까요?

| 사업이 쇠퇴기에 들어서면? |

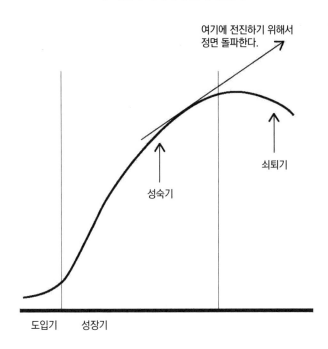

앞의 도표를 자동차 레이싱 코스라고 생각하면 이해하기 쉽습니다. 상상해볼까요? 당신은 지금 시속 300킬로로 달리는 페라리를 운전하고 있습니다. 어떻게든 전진하기 위해 액셀을 밟습니다. 그런데 눈앞에는 급커브가 보이네요? 비즈니스의 경우라면 눈을 감고 운전하는 격이기 때문에 급커브가 있어도 잘 모릅니다. 그 결과 시속 300킬로로 달린 채로 그대로 급커브에 진입하고 말죠. 정면 돌파의 끝에 산산조각이 난 차만 남을 뿐입니다. 이런 상황이 현재 많은 산업계에서 벌어지고 있는 현상들입니다. 예측하는 힘이 없는 회사는 커브를 제대로 돌지도 못하고 그대로 크게 망가지고 맙니다.

게다가 변화가 급속도로 다가오는 시점에는 전략의 개선(운전 기술)만으로는 대처할 수가 없습니다. 전략(방향)의 수정이 꼭 필요합니다. 지금까지 해왔던 연장선상에서 아무리 열심히 비즈니스를 한다 한들 소용이 없습니다.

리폼하는 회사의 예를 들어보겠습니다. 리폼 회사의 사업 실적을 상승시키려면 예전에는 광고 전단의 반응률을 올리는 데 주력하거나 영업맨의 효율을 올리는 데 주력해왔습니다. 하지만 2년 정도 전부터는 광고 전단만으로는 별 재미를 느끼지 못하는 상황이 도래했습니다. 즉, 리폼 회사의 성장기도 종지부를 찍으면서 도태의 시기에 진입하게 된 것입니다. 이렇게 되면 지역에서 세 번째, 네 번째 되는 회사는 쓰라린 경험을 맛보게 됩니다. 아무리 광고 전단을 잘 만들어도 반응이 오지 않게 되는 것이죠.

지금까지는 광고 전단의 문구를 고객의 요구조건에 맞춰서 쓰기만 하면, 간단하게 고객의 반응을 끌어내릴 수가 있었습니다. 인간은 과거에 잘됐던 방법에 계속 집착하는 경향이 있습니다. 그래서 고객의 반응이 없는 것은 광고 전단 탓이라고만 생각하게 되죠. 결국 또 광고 전단을 잘 만들기 위해 노력합니다. 그런데 아무리 전단을 고치고 또 고쳐도 반응은 싸늘합니다.

고객의 반응이 떨어지는 것을 불경기 탓이라고 돌립니다. 그 결과, 생각하는 사고 회로가 정지합니다. 맞습니다. 머리를 쓰지 않게 되는 것을 순전히 불경기 때문이라고 책임 전가를 하는 것입니다. 그런데 방향을 바꾼 또 다른 리폼 회사는 승승장구합니다. 왜 저 회사에는 고객이 계속 모여들까 하며 놀랄 뿐입니다.

얼마 전, 실천회의 파트너이기도 한 사토 마사히로(佐藤昌弘) 선생님에게 들은 이야기입니다. 리폼 회사가 작은 가드닝 회사의 간판을 새롭게 내자 그것만으로도 약 80명의 고객이 모여들었다는군요. 간판만 냈으니 고객획득을 하기 위한 비용은 거의 없다고 봐야 합니다. 고객 반응률이 제로인 것은 슬프지만, 고객획득의 비용이 제로인 것은 기쁜 일입니다.

또 다른 실천회 파트너이신 히라 히데노부(平秀信) 선생의 클라이언트이기도 한 가드닝 회사 '마당의 소리'의 사이토 대표가 책을 펴낸 적이 있습니다. 그 책이 방송을 타면서 <요미우리 신문>에 기사가 쓰였고 그 결과, 300엔의 돈을 내야 살 수 있는 그의 책이 82권이나 팔렸습니다. 이 경우는 고객획득 비용이 제로를 넘어서 마이너스입니다. 이처럼 전략이 있느냐, 없느냐에 따라 비용은 천지 차이입니다.

전략이 없는 리폼회사는 광고 전단의 수정만 계속 생각합니다. 그 주변에서 일어나고 있는 상황은 잘 알지도 못하고 엉뚱한 데 골몰합니다.

그 결과, 가드닝 회사를 차릴 생각을 한 두 번째, 세 번째 회사에 선수를 빼앗깁니다.

이런 시장의 움직임은 얼마든지 예측할 수 있습니다. 수년 전에는 경합 지역에서 리폼 시장이 성숙기에 접어들었습니다. 성숙이라는 것은 계절로 치면 겨울에 해당합니다. 겨울은 모든 것을 마무리하고 동시에 모든 것을 시작하는 시점입니다. 즉, 이 시기에 머리가 좋은 회사는 이미 다음의 새로운 성장 커브를 그리고 있습니다.

흐름을 타고 있는 회사는 사업의 생애주기에서 가을이 찾아오면 추수합니다. 투자가 적어지기 때문에 오히려 이익이 남습니다. 그 이익을 생각하기 때문에 대표는 가을을 지나는 동안 휴식을 취할 수 있습니다. 현명한 대표는 회사에 잘 나오지 않습니다. 직원들에게 회사를 맡겨두고 본인은 하와이 같은 곳에 놀러 가 서핑합니다.

이런 모습은 누군가 봤을 때 놀고 있는 것처럼 보일 수 있습니다. 그런데 대표가 회사를 비우는 사이, 회사 안에서는 실무자가 성장하고 있습니다. 대표는 놀면서 새로운 아이디어를 구상합니다. 회사의 기반이 탄탄해질 때 즈음 다음의 성장 커브가 될 새로운 사업 아이템을 시작할 수 있게 되는 것입니다.

반대로 흐름을 타고 있지 않은 회사의 대표는 가을에도 예전처럼 수익이 발생할 것으로 예측하고 직원을 늘립니다. 사업장을 좋은 곳으로 이전합니다. 자신의 빌딩을 세우기도 하죠. 그런데 빌딩이 세워짐과 동시에 수익이 줄어드는 겨울의 시기에 진입합니다. 매출이 오를 것이라는 예상은 빗나가고 '이럴 수는 없어' 하면서 대표의 얼굴은 새파래집니다.

흐름을 타고 있는 대표는 놀면서 성공합니다. 흐름을 타고 있지 않은 대표는 일 년 내내 고생하면서 일해도 결국 실패합니다. 이런 불합리한 일이 실제로 있냐고요? 저도 반론을 제기하고 싶지만 어쩔 수 없는 사실입니다. 하와이에서 놀고 있는 대표의 회사가 승승장구하고 있다는 것은 어디까지나 진실이니까요.

이처럼 성공 가도를 달리고 있는 회사의 대표는 상황을 예측하는 힘을 가지고 있습니다. 예측력이 있어서 절묘한 타이밍에 지금까지 자신이 해왔던 비즈니스를 남의 손에 맡길 수가 있는 것입니다. 긴 휴식 시간을 가지면서 새로운 아이디어(사업의 씨앗)를 가져옵니다.

그런데 예측력이 없는 대표는 전년 대비 0%를 향해 힘을 내서 달립니다. 그래서 투자를 늘리면 안 되는 시기에 투자해버립니다. '내가 하지 않으면 누가 하겠어?'라는 마음으로 열정적으로 달리기 때문에 직원들이 도통 성장하지 않습니다. 그것뿐일까요? 아이디어가 고갈되면서 사업의 새로운 생애주기로의 진입을 시도할 수가 없습니다. 어쩜 이렇게 부조리한 세상일까요?

열심히 한다고 능사는 아닙니다. 지금은 세상의 흐름을 예측하는 것이 경영자의 절대조건이 되어버렸습니다. 과거에는 도표에서 보듯 우상향으로 기업이 성장하기만 하면 됐습니다. 누구라도 똑같은 방법으로 전진만 하면 성공했습니다. 같은 방향으로 가기 때문에 액셀만 밟으면 됐습니다. 그때는 다른 사람보다 조금 더 노력해서 액셀을 밟는 것이 중요했습니다.

하지만 지금의 시대는 그렇지 않습니다. 앞에서 이루어진 방향성을 확인하는 것이 최우선과제입니다. 앞의 방향성을 확인도 제대로 하지 않고 그냥 액셀을 밟아버리면 코너에서 전복하고 맙니다. 하나의 커브를 돌았다고 안심한 순간, 또 다른 커브가 나타납니다. 스핀 커브의 연속인 셈인 것이죠. 지금까지의 경영환경에서는 좀처럼 생각할 수 없는 환경입니다.

그렇다고 해서 액셀을 밟지 않는 것은 안 됩니다. 제가 공부하고 있는 것은 코너의 방향성을 발견하고 순발력 있게 시프트 다운[22]해서 코너에 진입한 순간, 액셀을 밟는 것입니다. 솔직히 이 작업은 꽤 까다롭습니다. 보통의 회사 대표들은 절대로 할 수가 없는 일입니다. 왜냐하면 예측력을 가지고 있지 못하기 때문입니다. 사업의 방향성을 예측한다는 것은 한 번도 배운 적이 없기 때문입니다. 우선 그런 내용을 가르치는 사람도 별로 없습니다. 지금은 액셀보다 예측과 컨트롤이 중요합니다.

---

22) 시프트다운(shiftdown) : 커브 길이나 언덕을 올라갈 때 자동차의 변속 기어를 1단, 2단, 3단으로 낮게 전환하는 것을 말합니다. - 편집자 주.

자기의 위치를
생애주기에서 확인하자

　먼저 재빨리 조사해야 할 것은 자신의 위치를 명확하게 아는 것입니다. 자신의 위치를 알려면 어떻게 해야 할까요? 우선 자신이 몸담은 업계, 또는 자신의 회사 상품의 생애주기상의 위치를 확인해야 합니다. 이에 대해서는《입소문 전염병》의 제1장에서 자세히 설명하고 있습니다.

　어떤 사업이든지 생애주기는 있기 마련입니다. 도입기, 성장기, 성숙기로 간단하게 나눌 수 있죠. 여기까지는 이제 누구라도 알고 계실 것입니다. 그런데 중요하지만, 아직 제대로 알려지지 않은 사실이 2가지 있습니다.

　그 하나는 성장기에서 매상(또는 수익)의 85%가 발생한다는 사실입니다. 나머지 하나는 도입기와 성숙기에는 각각 7.5% 정도의 매상만 오른다는 것입니다. 그렇다는 것은, 도입기와 성숙기에 머물러 있는 이상, 아주 작은 수익의 파이만 먹고 있다는 사실입니다.

　도입기에 놓여 있는 회사의 특징은 아무도 모르는 상품을 시장에 인지시키기 위해 노력해야 하는 것입니다. 그러므로 제법 큰 비용이 소모됩니다. 따라서 아무리 상품을 팔고 팔아도 이익을 낼 수 없는 시기가 지속됩니다. 성숙기에 머물러 있는 경우는 작은 이익이라도 취하기 위해 노력하는 회사들이 많아서 치열한 가격경쟁 상황에 놓이게 됩니다. 그때는 해를 거듭할수록 생활은 더 찌들게 됩니다.

성장기의 타이밍을 알아두기 위해 에피소드 하나를 소개할까 합니다. 얼마 전에 전설적인 경영자를 만나고 왔습니다. 이 선생님은 예전에 플로피디스크를 제조하는 회사를 경영했는데, 대표 한 사람, 여자 직원 두 사람으로 연간 매출 75억 엔을 달성한 전무후무한 인물이었습니다. 이 회사의 실적은 전 세계의 3할에 해당할 정도로 대단했습니다.

이 플로피디스크 사업을 개시한 시기에 그는 '카세트는 10년, 비디오는 5년, 플로피디스크는 3년, MD는 0년'이라고 예측하면서 시작했다고 합니다. 그리고 3년 후에 분별할 것을 생각하면서 비즈니스를 펼쳐 나갔습니다. 이 전설적인 경영자의 특징은 사업을 대하는 조직 감각, 그리고 하나의 사업을 해내면 반드시 다음의 비즈니스 니즈를 생각하고 움직였다는 것입니다. 아주 흥미로운 사례라고 볼 수 있죠.

생애주기를 제대로 파악하면 성장기 직전에 진입하고 성숙기 직전에 회사를 파는 것이 가능해집니다. 이는 최적의 전략입니다. 하지만 이런 인식을 가지는 것은 어렵습니다. '돈을 못 버는 것은 힘이 없기 때문'이라고 생각해버리는 것이죠. 그렇게 되면 시기를 놓치고 성숙기에 접어들어도 계속 똑같은 행태만 반복하게 되고, 해를 거듭할수록 점점 힘들어지기만 합니다.

비즈니스를 새로운 성장으로
가져가기 위한 타이밍

이제 다음 중요한 포인트는 무엇인지 말씀드립니다. 바로 성장기에 들어서는 타이밍과 끝나는 타이밍을 어떻게 알아차릴 것인가의 문제입니다.

과연 이 시기를 예측할 수 있을까요? 물론입니다. 간단하게 예측할 수 있습니다. 게다가 이 예측법은 인생을 좌지우지할 정도로 정말 중요한 지식입니다. 생애주기상에서 도입기, 성장기, 성숙기, 이 3가지 시기는 놀랍게도 딱딱 일정한 시기에 일어납니다. 예를 들어, 도입기가 15년이라면 성장기는 15년, 성숙기도 15년이 됩니다. 성장기의 반환지점에서 광고 전단의 효과도 떨어지기 때문에 성장기의 시작부터 약 7.5년이 지나면 고객의 반응은 떨어지게 됩니다. 이처럼 꽤 정확하게 맞아떨어지기 때문에 어느 시기에 광고 전단의 효과가 떨어지게 될지 충분히 알 수 있습니다.

이 법칙은 자동차, 팩스, 컴퓨터 등의 보급 과정에도 거의 들어맞습니다. 세상은 이처럼 간단하고 명료한 법칙 속에서 움직이도록 프로그램되어 있습니다. 이 법칙을 알고 있느냐, 모르느냐에 따라 여러분의 꿈이

어디까지 실현될지가 결정됩니다.

생애주기의 타이밍을 알아보는 방법을 알고 있으면 위험천만한 사업이 생각보다 많다는 것을 알게 됩니다. 장례업을 예로 들어볼까요? 장례업은 현재 잘나가고 있는 것처럼 보이지만, 조금 있으면 정점을 찍고 내려올 것입니다. 자동차 보험도, 회전초밥집도, 리폼 회사도, 도장 체인점도 정점을 이미 넘어서고 있죠. 그렇다는 것은 이제 광고 전단을 아무리 잘 만들어도 별 효과가 없다는 이야기이기도 합니다. 아니면 그 직전에 도달했던가 말이죠. 이들 업계는 특정 상품의 전문화, 고객의 추출, 서비스의 차별화, 새로운 유통 통로의 개발, 새로운 성장 상품의 개발 등으로 새로운 성장 커브를 만들어나가야 할 필요가 있습니다.

반대로 IT 업계, 1,000엔 요금의 체인 미용실, 시력 회복 수술, 노인을 상대로 하는 금융서비스 등은 앞으로의 성장 가능성이 큰 사업입니다.

이미 성숙기에 접어든 사업에 종사하는 회원들에게는 귀가 따갑도록 했던 말일지도 모릅니다. 하지만 저 앞에 자동차가 튀어나올 것을 미리 알고 있다면, 최악의 교통사고는 막을 수 있습니다. 최악을 염두에 두고 최선을 목표로 삼는 것이 중요합니다.

새로운 성장 커브를
만들자

그렇다면 우리는 구체적으로 어떻게 행동해야 할까요? 많은 일본의 기업들이 성숙기에서 우왕좌왕합니다. 거기에서 벗어나 새로운 성장기에 돌입하려면 어떻게 해야 할지 알아보겠습니다.

우선 매달 열리는 오디오 세미나를 듣는 것입니다. 왜 그럴까요? 오디오 세미나에 참석해서 인터뷰에 임하는 사람들은 서로 다른 이야기를 하고 있지만, 정작 같은 이야기를 하고 있기 때문입니다.

기획학원의 타카하시 노리유키(高橋憲行) 선생님[23]의 말씀을 빌리자면, 지금은 콘텐츠 비즈니스의 시대입니다. 성숙기에 접어든 사업일지라도 새로운 성장 커브를 얼마든지 생성할 수 있습니다.

동아식품 공업의 키코(木子) 사장[24]은 "물건을 팔지 말고 일을 팔아라"라고 말합니다. 와쿠와쿠 마케팅의 고사카 유지 선생님은 "물건 말

---

23) 타카하시 노리유키(高橋憲行) 선생님 : 주식 회사 기획학원 대표입니다. 기획과 기획서 체계화를 창시하고 대기업을 중심으로 다수의 기업이 그의 체계를 도입했습니다. 다수의 사업과 히트상품에 관한 《기획의 달인》, 《기획서 만들기의 일인자》 등 기획, 기획서에 관련된 저서가 다수 있습니다.

24) 키코(木子) 사장 : 동아식품공업 주식회사의 대표입니다. 경영 컨설턴트로도 활약하는 키코 요시나가(木子吉永) 씨는 '작은 회사' 경영에 관한 저서도 다수 있습니다.

고 체험을 팔아라"라고 조언하죠. 저는 공감을 핵심으로 하는 멤버십 마케팅이 열쇠라고 생각합니다. 결국 하나의 똑같은 결론으로 귀결되는 이야기입니다. 상품에 정보라는 가치를 얹어 고객으로 하여금 공감을 끌어내지 못한다면, 기업의 이익은 갈수록 줄어들 수밖에 없습니다.

"콘텐츠 비즈니스가 중요하다"라고 말하면 추상적으로는 이해가 될지 모릅니다. 하지만 구체적인 실현 방법으로 어떻게 해야 할지 감이 잘 오지 않습니다. 대체로 사람들은 소프트웨어를 팔까, 프랜차이즈를 할까, 아니면 컨설턴트가 될까 이렇게 생각합니다. 물론 이들 사업 분야에 새롭게 진출하는 것도 괜찮은 일이지만, 그것보다는 좀 더 확실하게 기존의 비즈니스를 콘텐츠화[25]하는 것이 쉬운 접근방법입니다.

기존에 하던 사업을 콘텐츠 비즈니스화하는 것은 그리 어려운 일이 아닙니다. 여러분이 하는 사업에서 고객에게 이득이 되는 정보를 발신하면 되는 것입니다. 정말 쉽지 않습니까?

지금은 통신 기술이 발달해서 콘텐츠를 양산하고 발신하는 것이 쉬운 시대입니다. 인터넷을 잘만 활용한다면 비용도 거의 발생하지 않죠. 고객에게 발신하는 것보다 콘텐츠 자체를 제작하는 것이 조금 어렵긴 합니다. 그래서 콘텐츠를 얼마나 확보하고 있느냐가 사업의 성패를 가르는 척도가 됩니다.

콘텐츠란 무엇일까요? 콘텐츠는 유익한 정보가 되는 것을 말합니다. 실천회에서는 뉴스레터를 잘 쓰는 것이 중요하다고 해서 회원들에

---

25) 기존의 비즈니스를 콘텐츠화 : '자신(자기 회사)의 노하우를 판다'라는 개념의 기존 비즈니스 콘텐츠화는 이 책이 작성된 2001년 당시, 중소 영세기업의 전략으로서는 이전에 없던 새로운 개념이었습니다.

게 정기적으로 뉴스레터를 쓰는 것을 독려하고 있습니다. 처음에는 "이런 것을 누가 읽지?"라고 했지만, 제가 잔소리를 계속하니까 열심히 하시더군요. 그렇게 해서 쌓인 정보가 쌓이고, 반년이 지나면 문장 실력도 월등히 향상됩니다. 당연히 고객도 획득할 수 있게 됩니다.

고객이 쌓이면 재미가 생깁니다. 그러면 더 잘 쓰기 위해서 노력하게 됩니다. 그러면 고객들의 평가도 더 올라가게 되겠죠. 뉴스레터에 대한 반응이 좋아지면서 다른 회사로부터 광고 의뢰와 같은 제안이 들어오게 됩니다. 그리고 그 뉴스레터에 대한 비용을 정당화하기 위해 뒷받침하는 상품을 구비하게 됩니다. 더 나아가서는 뉴스레터를 중심으로 모객의 장이 열리면 그 노하우를 알려달라는 사람들이 생깁니다. "그 노하우를 알려주세요"라는 대리점이 생깁니다. 즉, 프랜차이즈화가 가능해진다는 것입니다.

중요한 것은 콘텐츠를 발신하는 첫걸음을 수행하고 나서부터는 자동으로 계속 콘텐츠가 발행되어야 한다는 것입니다. 기존 비즈니스를 콘텐츠화를 할까, 말까 고민할 필요는 없습니다. 다만 한 발짝 나서는 결단이 필요할 뿐입니다. 그 첫걸음은 고객들의 목소리를 모아 뉴스레터를 발행하는 일입니다. 모든 과정의 발단은 바로 여기에 있습니다.

이 간단한 업무가 가능한 회사는 선순환에 들어서면서 3개월 후면 비즈니스가 즐거워지는 상태에 놓이게 됩니다. 반대로 이 간단한 것조차 되지 않는 회사는 변명만 늘어놓고 아무것도 하지 않습니다. "우리 업계는 이런 상황이니까 말이죠", "우리 회사는 좀 특별해서요" 이러는 사이 시간만 계속 지나갈 뿐입니다. 겨울이 찾아온 뒤에 후회를 해봐야 소용없습니다.

아직 많은 사람이 정작 중요한 것을 깨닫고 있지 못하고 있습니다. 잔소리처럼 들리실 수도 있겠지만, 저는 앞으로 5년 후에 성공하는 패턴을 익혔으면 하는 마음에 여러 상황을 들려드렸습니다.

제5장

당신의
생애주기를 알기

● ● ●

생애주기는 기업에만 국한된 것이 아니라
개인의 인생에서도 당연히 존재하는 것입니다.
'자신의 인생을 컨트롤한다',
'인생의 파도에 올라타기'
이런 성공법칙의 '궁극적인 목적'을 전하는 간다식 해석!

도망치는 것이
이기는 것

'뜻밖의 선물'이라는 주제로 열린 실천회 골드 Q&A 회의에 운송회사에 재직하는 운전수부터 상장기업의 대표이사까지 약 120여 개 사가 넘는 기업에서 여러 다양한 사람들이 참석했습니다. 저의 미션은 클라이언트들의 성공을 위해 열심히 머리를 쓰는 것이었죠. 저를 향해 쏟아지는 100가지 이상의 질문에 대해 대답을 했던 것 같습니다.

그런데 도저히 답이 나오지 않아서 "죄송합니다"를 말했던 경우도 몇 건 있었습니다. 그렇게 대답하면 질문을 한 사람 입장에서 만족도는 떨어진다는 것을 잘 알고 있습니다. '간다 씨라면 우리가 깜짝 놀랄 만한 답을 내주실 줄 알았는데 말이죠'라고 기대했을 테니까요.

그 기대를 만족시켜주지 못하는 것에는 용기가 필요합니다. 하지만 저는 그냥 "질문하신 내용에 대해서는 잘 모르겠습니다"라고 대답했습니다. 왜냐하면 해결책을 내놓는 것이 꼭 그 사람을 위하는 것은 아니기 때문이었습니다.

질문이라는 것은 해답을 전제로 깔고 던지게 됩니다. 그런데 그 전제조건이 애초에 잘못된 경우도 있습니다. 틀린 전제조건을 계속 믿고 있으면 질문을 던진 사람은 쓸모없는 노력을 반복하게 됩니다.

예를 들면, 운송회사인 B사 운전사의 질문이 그랬습니다. 그는 운전사이면서 실천회에 가입해 열심히 공부하고 있는 사람이었습니다. 나름 훌륭한 사람이었죠. 그런 그가 운송회사에서 독립해 훌륭한 사장님이 될 것은 시간 문제였을 것입니다.

그런데 그에게는 약간 귀찮은 문제가 있었습니다. 그의 상사가 라이벌 회사의 A운송회사보다 더 높은 가격으로 계약을 따올 것을 그에게 지시한 모양이었습니다. 예전에는 "가격이 싸집니다"라면서 계약을 따왔는데, 지금은 싸게 따오면 오히려 혼이 나는 것이었습니다. A운송회사보다 더 비싸게 계약을 따오지 않으면 안 되는 상황으로 급변한 것이죠. 물론 일을 따오지 않아도 문제가 생깁니다.

만약 이 운전사가 경영자이면서 중요한 결정을 내릴 수 있는 요직에 있다면 그런대로 방법이 있었습니다. 하지만 지시받는 운전사 입장에서는 내릴 수 있는 결정이 별로 없어 보였습니다. 오로지 몸으로 승부수를 던지는 수밖에요.

곤란하겠다고 생각하면서 저는 이렇게 대답했습니다.

"그런 상사 밑에서 일할 바에는 그냥 그만두시죠."

왜 그렇게 대답했을까요? 물론 그런 상황에서도 열심히만 한다면 안될 일도 없긴 합니다. 기존 고객으로부터 손님을 소개받거나, 열심히 일에 몰두하거나, 불호령이 떨어질 것 같은 회사 앞을 매일 청소한다거나 하면서 말이죠. 그런 방법으로 근성을 내보이면 큰 계약을 따낼 수도 있습니다.

그런데 말입니다. 세상에는 지는 것이 곧 이기는 경우도 있습니다. 질 것 같은 승부에 괜히 뛰어드는 것이 아닙니다. 안 되는 것은 안 된다고 그냥 인정하는 것도 용기입니다. 할 만큼 노력을 다해도 안 되는 경우도 있습니다. 전력을 다해도 안 될 일은 깔끔하게 포기하는 것도 필요합니다.

자신의 인생을
컨트롤할 수 없는 불행

운송회사의 운전사가 처한 불편한 상황은 종종 프랜차이즈 비즈니스에서도 엿볼 수 있습니다. 예를 들어, 프랜차이즈에서 온 사람들이 저에게 질문을 던지고 제가 답을 하면 꼭 이렇게 말씀합니다.

"프랜차이즈 본부에서 허락을 안 해줄 것 같습니다. 답을 주신 대로할 수는 없겠군요."

그들은 제한, 제약이 너무 많은 그런 자유롭지 못한 환경에서 업무를하는 것입니다. 이런 상황을 목격하면 저는 다음의 이야기를 떠올립니다.
원숭이를 잡을 때의 이야기입니다. 원숭이를 잡기 전에 투명한 공을준비합니다. 그 공 속에는 땅콩이 들어 있습니다. 원숭이는 투명한 공에나 있는 구멍에 손을 집어넣어 땅콩을 먹으려 합니다. 그런데 손으로 땅콩을 움켜쥐고 있으면 공에서 손을 뺄 수가 없습니다. 주먹이 나올 만큼구멍이 크지 않기 때문입니다. 원숭이가 우왕좌왕하고 있을 때 사람들이 와서 원숭이를 포획합니다. 원숭이는 땅콩을 손에서 놓지 않으려 하다가 인생마저 놓치고 만 것입니다.

돈벌이가 시원찮은 장사라고 발버둥 치고 있는 동안, 인생은 소비됩니다. 그러는 동안 돈을 버는 사람은 계속 돈을 벌 수 있는 상품을 팔고, 돈을 벌 수 있는 조직을 만들어나갑니다.

자, 여러분은 땅콩을 취하려고 발버둥 치는 원숭이처럼 무언가에 쓸데없이 열중하고 있지는 않습니까? 저는 여기서 당장 땅콩을 취하지 말라고 말하는 것이 아닙니다. 내가 먹을 것이 저 앞에 있는데 굳이 놓는다면 그게 더 위험한 일이니까요. 하지만 자신이 쓸데없는 일에 몰두하고 있다는 것을 인정하지 않는다면, 다음의 수는 생각해낼 수가 없습니다. 막다른 골목을 벗어나려면 자신의 현재 상황을 객관적으로 바라봐야 합니다.

《입소문 전염병》이라는 책에서 저는 일러스트로 다음의 상황을 표현한 적이 있습니다. 어떤 사람이 물을 마시려고 우물을 깊게 팠지만, 물은 하나도 얻을 수 없었습니다. 우물 파기를 포기하고 밖으로 나가봤더니 거기에는 풍부한 물이 있었죠. 지금의 시대에도 마찬가지입니다. 그런 우물과 같은 똑같은 상황이 전개되고 있습니다.

목숨을 걸고 열심히 일하는 당신,
지금부터 준비하라

저는 월급쟁이로 근무했을 당시, 2년 후에 독립할 것을 결심했습니다. 독립하려면 독자적인 저만의 노하우가 필요했습니다. 그래서 회사의 예산으로 다이렉트 리스폰스 광고를 적극적으로 실천했습니다.

어떤 실천회 회원은 예전에 택배기사를 하고 있었습니다. 그는 택배기사를 하면서 고객의 의견을 들으며, 통신판매회사의 상품 유통에 특화된 운송회사를 직접 만들었습니다. 또 다른 회원은 화장품 회사의 물건을 배송하면서 재구매율이 많다는 것을 깨닫고, 그 회사의 지역대리점을 차렸습니다.

이렇듯 지금 회사에서 전력투구하면서 일하는 것이 독립으로 이어지는 상황이 종종 연출된다는 것을 우리는 알 수 있습니다. 지금 하는 일의 긍정적인 면을 계속 붙잡고 나아가 균형감 있게 일하면서 장래에 무언가 일을 벌이는 것. 그것이 제3의 길을 찾는 방법입니다.

선택지가 없다는 것은 막다른 골목에 다다를 수 있다는 것을 의미합니다. 막다른 골목에 다다랐을 때는 우선 상황을 확인합니다. 그리고 "실패해도 어쩔 수 없잖아?"라고 하며 가볍게 한 발을 내딛는 것이 중요합니다.

누구를 위해서
회사에 몇십 년을 다닐까?

얼마 전, 저의 세미나에 참석한 분과 담소를 나누다 재미있는 이야기를 들을 수 있었습니다. 자신을 중간관리자라고 소개한 여성은 맥주를 마시며 이렇게 말했습니다.

"세미나에 참가한 사람 중에서 이 사장님은 잘될 사장님인지, 아닌지가 금방 알겠더라고요. 휴식 시간을 어떻게 보내는지를 보면 말이죠."

"음, 흥미롭군요. 어떤 차이가 있다는 것인가요?"

"글쎄요. 훌륭한 사장님은 언제나 웃는 얼굴로 다른 회사의 대표들과 교류를 즐기는데요. 안 되겠다 싶은 사장님들은 미간에 주름 잡고 인상을 쓰고 있는 경우가 많아요. 그리고 또 하나. 딱 5분 주어지는 휴식 시간에 휴대전화로 회사에 전화를 걸어 이것저것 지시하느라 바빠요."

"어떤 지시를 하고 있나요?"

"그게 말이죠. 아주 세세한 것까지 지시를 내리고 있습니다. 그런 모습을 지켜보고 있으면 저 사람은 저 5분을 위해서 매일 회사에 다니고 있구나라는 생각이 듭니다. 그렇게 알게 되는 거예요."

5분을 위해서 매일 회사를 다닌다? 누구라도 할 수 있는 업무 시시를 하기 위해 회사에 몇십 년을 계속 다니고 있는 것입니다. 여러분도 이런 과오를 범하고 있지는 않습니까?

그녀의 통찰은 상당히 훌륭했습니다. 휴식 시간을 어떻게 보내느냐에 따라 그 사람의 실력을 간파할 수 있다니 놀라운 일이었죠. 어떤 테니스 선수도 그녀와 같은 말을 한 적이 있었습니다. 극한의 압박감 속에서 시합을 치러야 하는 테니스 선수. 그런 환경 속에서 얼마나 실력을 발휘할 수 있을까요? 세계 랭킹 200위인 선수와 세계 랭킹 10위권 안의 선수의 실력 차이는 어디서 올까요? 이에 대해 세계적인 스포츠 코치인 짐 레이어가 조사를 한 적이 있습니다. 그의 조사에 따르면 테니스 코트 안에서는 200위나 10위나 실력에 별 차이가 없었다는 것이었습니다. 체력적으로는 조사에 응한 선수들이 거의 비슷한 레벨이었고, 거기서 누가 1위를 한다고 해도 이상하지 않았습니다.

그런데 테니스 시합이 찍힌 영상을 여러 번 반복해서 보는 동안, 한 가지 사실을 발견했습니다. 테니스 선수들의 실력이 어디에서 갈리는지 말이죠. 그 차이는 무엇이었을까요? 바로 게임 도중에 잠깐씩 비는 시간이었습니다. 공을 때리기 전의 게임과 게임 사이. 공이 서브되기 전의 사이. 그사이에 각각 약 20초의 시간이 빕니다. 그 20초를 어떻게 보내는지에 따라 상위 랭킹의 선수와 하위 랭킹의 선수 실력의 차가 발생한다는 것입니다.

그렇다면 어떻게 다를까요? 상위 랭킹의 선수는 20초의 빈 시간을 늘 일정하게 보냅니다. 항상 침착한 모습을 유지하죠. 전에 친 공이 최악이었든, 최선이었든 아랑곳하지 않습니다. 그런데 하위 랭킹의 선수는 다릅니다. 좋은 공을 쳤으면 기뻐하고, 나쁜 공을 치면 테니스 라켓을 바닥에 내동댕이치기도 합니다. 세계 랭킹의 차이는 신체의 능력 차이로 생기는 게 아니라, 정신 수준의 차이로 승패가 결정된다는 것입니다.

경영자도 테니스 선수와 마찬가지입니다. 휴식 시간을 어떻게 보내느냐에 따라 승패가 갈라집니다. 안 되는 사장은 휴대전화로 일일이 직원들에게 지시합니다. 미간에 잔뜩 주름을 잡아가면서 말이죠. 그러면서 자신이 하는 일이 옳다고 생각하면서 다른 사람이 하는 말을 귀담아 듣지 않습니다. 이런 말 습관을 덧붙이면서 말이죠.

"우리 업계는 다르니까 그 말씀에 맞지 않습니다."
"그렇게 우리도 시도해보고 싶은데 잘 안 되겠습니다."
"그것은 좀 어렵겠군요."

이상의 말을 주로 하고 있다면 그 사람은 안 되는 사장의 딱지를 붙이고 있는 셈입니다. 스포츠 선수는 어느 순간도 부정적인 기분을 가지려 하지 않습니다. 복싱을 예로 들어볼까요? 복싱 선수는 시합 도중에 한 번이라도 '이것은 망했어!'라고 생각한 순간에 상대방 선수로부터 주먹이 날아옵니다. 그러고는 넉다운. 시합 종료입니다. 즉, 한순간이라도 부정적이면서 자신감 없는 모습이 겉으로 드러나면 치명적인 상황을 불러오게 되어 있습니다. 경영자도 마찬가지입니다. 경영도 정신적인 면이 중요합니다. 한순간이라도 부정적인 감정에 매몰되면 치명적인 상황에 놓이게 됩니다.

저는 빠른 독서법으로, 3일 동안 2배 빨리 책을 읽어내는 방법을 가르치기 시작하면서 인간의 정신적인 면이 얼마나 많은 차이를 가져올 수 있는지에 대해 알게 됐습니다. 빠른 독서법은 누구라도 시도할 수 있는 독서법입니다. 그런데도 많은 사람이 처음에는 "어렵다", "에이, 할 수 없다"라고 손사래를 칩니다.

독서법을 가르치는 동안 알게 된 것은 능력을 발휘하기도 전에 "어렵다"라고 내뱉는 것 자체가 치명적일 수 있다는 것입니다. "어렵다"라고 자기 입으로 부정적인 말을 내뱉음으로써 그 일이 어렵다는 것을 증명하기 시작합니다. 즉, '이런 것은 못해'라고 생각한 순간에 그 일을 진짜로 못하게 되는 것입니다. 누구라도 시도할 수 있는 독서법이기 때문에 그런 상황은 더 잘 보입니다. "어렵다", "못하겠다"라는 말 습관은 전달력이 꽤 높은 병적인 말 습관입니다.

이 병적인 말 습관을 어떻게 고칠 수 있을까요? 간단한 방법이 있습니다. "어렵다"라는 말이 튀어나오는 순간, "혹시 간단한 문제라면"이라는 질문을 스스로한테 던져보는 것입니다. "잘 모르겠다"라는 말이 튀어나오는 순간, "혹시 알고 있는 문제라면?"이라고 질문을 합니다. 그러면 신기하게도 문제가 간단히 해결됩니다.

질문하는 것으로도 충분합니다. 비용이 들지도 않습니다. 질문을 던진 순간, 뇌는 그 질문에 답을 하려고 머리를 씁니다. 오늘도 많은 실천 사례가 생기고 있습니다. 실천 사례를 읽고 "우리 업계에서는 사용할 수 없는 사례군", "지금은 할 수 없어", "나중에 생각하자"라고 말하고 싶어집니다. 그랬을 때, "우리 업계에 적용된다면 어떤 폭발적인 효과가 있을까?", "작은 것부터 어떻게든 시작해보면 얼마를 더 벌 수 있을까?"라고 질문을 던져보시길 바랍니다.

"우리 업계에서는 안 돼"라고 생각한 실천 사례일수록 자신의 업계에 그대로 적용이 됐을 때 엄청난 효과를 거둘 수 있습니다. 얼른 펜을 들고 자신의 업계에 응용할 수 있는 방법을 생각하면서 읽어보시길 바랍니다.

쇠퇴 업계에 몸담은 것은 괴롭지만,
사명을 다하는 영웅도 존재한다

　어느 실천회 회원으로부터 대량의 실천보고가 전달이 됐습니다(226 페이지 참고). 대략 30페이지가 넘는 분량이어서 전부를 여기에 소개할 수는 없지만, 실천회에 가입해 1년 동안의 실천을 극명하게 기록한 훌륭한 일기가 있어서 일부 공유합니다. 그동안 넘어진 수만큼은 절대 지지 않겠다는 실천보고입니다. 이 보고서를 읽고 나면 그가 걸어온 1년을 고스란히 느끼실 수 있을 것입니다. 이 보고서의 최대 교훈은 일본식 옷장이라는 성숙기에 놓인 업계(또는 쇠퇴 업계)에 몸을 담는다는 것이 얼마나 쓰라린 일인지를 알 수 있다는 점입니다.

　저는 이 보고서를 읽으면서 저의 지난날의 고생도 함께 떠올렸습니다. 예전에 수입 가전을 판매하고 있을 때의 이야기입니다. 저는 어떤 일이든 닥치는 대로 했습니다. 양판점 영업, 영세소매 영업, 소비자 영업, 공방점 영업, 상품개발, 카탈로그 제작, 매뉴얼 제작, PL라벨 제작, 요리책 편집, 애프터 서비스 매뉴얼 제작, 전자수주 시스템 구축, 전국 애프터 서비스 시스템 구축, 점검부대의 편성, 고장기종의 점검, 출하

감정(emotional) 일기

2002. 2. 10

눈이 내렸다. 온종일 기다렸지만 찾아온 손님은 없다. 그럼 그렇지. 세일즈 메일을 보낸 것도, 광고 전단을 뿌린 것도 아니니까. 그런데 입간판을 보고 손님이 들어온다. 믿을 수가 없다. 마법의 간판이다.

2002. 2. 11

오늘도 눈이 내렸다. 오늘도 손님이 오지 않을 것이라고 생각했는데 2팀이 다녀갔다. 입간판을 보고 말이다. 한 팀은 영 가망이 없다. 다른 한 팀은 전에도 오셨던 분들이다. 일본식 옷장이 마음에 드는 눈치다. 결국 매상은 0이지만 말이다.

2002. 2. 12

오늘은 ○○으로 납품과 출장이다. 지금 가구 업계에서 매출을 올리고 있는 S의 점장을 방문하는 일이다. 방문한 사무소에는 매달의 매출 건수가 적힌 화이트보드가 있었다. 2월의 목표를 봤다. 1,000만 엔이었다. 점장님은 그저 그런 매출이라고 했지만 연 매출을 계산해보면 약 3억 엔 정도는 되는 것처럼 보였다.

집에 오니 어머니로부터 전화가 왔다. 국민금융공고에서 전화가 와서 이번의 대출 건은 부결이 됐다고 알려왔단다. 800만 엔이 어렵다면 500만 엔이라도 좋다. 돈이 없다.

(중략)

2002. 6. 24

오늘은 제법 괜찮은 날이다. 오전 중에 도매상으로부터 1건의 주문이 있었다. 오후에는 세일즈 메일을 받았던 손님으로부터 "광고를 보여주세요"라는 연락을 받았다. 자료를 요청했던 손님은 저녁에 주문했다.

150만 엔의 특별 주문이다. 물론 3개에 150만 엔이기 때문에 너무 기뻐할 일만도 아니지만 어쨌든 OK다. 이것에 만족하지 않고 더 주문을 열심히 받아야겠다.

그리고 멀리 계신 손님으로부터 "광고를 보여달라"는 문의가 있었다. 오늘은 정말 괜찮은 하루다.

전 상품점검, 수입통관업무, 중국 제휴 공장의 시찰, 일본 제소사와의 OEM, 미국 대표를 위한 아시아 전략 프레젠테이션, POP제작, 패키지 디자인, 보증서의 디자인, 은행 융자, 대기업 가전 브랜드와의 손해배상 교섭 등등.

이 모든 것을 거의 혼자 해냈습니다. 공표한 매출은 8억 엔 정도였지만, 실제로 OEM까지 합하면 13억 엔에 달할 정도였습니다. 죽기 아니면 까무러치기였죠. 이 정도까지 죽을 만큼 일하는 것은 아마 두 번 다시 없을 것입니다.

힘들었던 기억만 있는 것은 아닙니다. 매일 지식을 쌓고 경험의 연속이었기 때문에 비즈니스를 하는 것이 그만큼 몸에 익숙했습니다. 지금의 제가 그 어떤 비즈니스에 대한 문의를 받더라도 조언을 드릴 수 있는 것은 그 당시처럼 일에 미쳤던 수년간의 시간이 있었기 때문입니다.

앞서 일기를 선보인 그도 대단한 1년을 보냈다고 생각합니다. 가업을 물려받은 것이기 때문에 월급쟁이로 일한 저와는 조금 다른 입장이겠지만, 정신적으로 쓰라린 경험을 한 것은 서로 비교할 수 없을 것입니다.

그때의 경험은 돈으로도 살 수 없을 정도로 값진 경험임에는 틀림이 없습니다. 분명하게 말해두지만, 그가 지금의 에너지를 쏟아 다른 사업을 한다면 더 수월해서 깜짝 놀랄 것입니다. 하지만 실제로 그와 비슷한 연령, 비슷한 지력, 비슷한 업무에 대한 정보가 있는 사람이 연 매출은 더 높을 것입니다. 어쩔 수 없는 사실입니다.

이런 사실을 인정하는 것은 그나 그의 가족 입장에서는 괴로운 일일지 모릅니다. 저 또한 굳이 말해주고 싶지는 않습니다. 이 글을 읽는 여러분도 "굳이 그런 것을 알려줘서 뭐 하나요?"라고 할지도 모릅니다. 하지만 현실을 인정하고 대처하는 것이 더 안전합니다. 그러므로 굳이 알려주고 싶지 않은 내용을 알려주고 있는 것입니다.

저도 가업을 이었던 적이 있습니다. 저희 집 가업은 학생복 판매였습니다. 3대째 이어져 내려온 일이었죠. 우리 할머니는 저에게 가업을 잇기를 바란다면서 늘 한숨을 쉬셨습니다. 아버지도 내심 제가 가업을 잇기를 바라셨을 것입니다. 하지만 저는 가업을 잇지 않기로 선택했습니다. 학생복을 파는 일에 몰두할 만한 사명을 찾지 못했기 때문입니다. 그 대신, 제가 할 수 있는 역할을 찾기 위해 지금의 일을 선택하게 된 것이죠.

사명감으로 하는 일
VS 타산적으로 하는 일

그렇다면 일본식 옷장을 파는 그는 자신이 하는 일에서 어떤 의미를 찾을 수 있을까요? 저는 일본의 문화나 전통이 지금부터 더욱 각광 받을 것이라고 예상합니다. 왜냐하면 현재 기독교와 이슬람교의 싸움에 지친 와중에 의식 있는 세계의 사람들은 동양으로 눈을 돌릴 게 자명하기 때문입니다. 이 기회를 틈타서 일본의 문화, 전통, 이상은 큰 역할을 수행하게 될 것입니다. 따라서 일본식 옷장을 파는 그처럼 젊은 세대가 비즈니스를 통해 일본의 전통을 알리는 것은 아주 중요한 역할을 하는 것입니다.

현재 실천회에 나오는 회원 중에는 일본 전통주를 만드는 몇몇 경영자들이 있습니다. 일본식 옷장을 만드는 그도 이들과 같은 흐름에 타고 있는 것으로 생각합니다. 일본의 전통을 살리고 이어 나가서 일본의 문화를 세계에 알리는 역할 말입니다.

상품에는 이상이 담겨 있습니다. 청바지가 처음 일본에 들어왔을 때, 우리는 청바지를 산 것이 아니라 미국의 정신을 산 것이었습니다. 일본식 옷장을 파는 그도 단순히 옷장을 파는 게 아니라, 일본의 이상을 전달하는 역할을 수행하고 있는 것입니다.

그는 가업을 잇는 선택을 했습니다. 그 결단에는 아마도 많은 용기가 필요했을 것입니다. 일본식 옷장을 잇는 다른 후계자들이 생각하는 것처럼 그도 평범한 월급쟁이로 사는 것이 더 행복했을지도 모릅니다. 하지만 그처럼 일본 문화를 이어가는 한 사람이 성공한다면, 일본의 전통 문화를 이어가는 다른 후계자들도 용기를 얻을 수 있게 됩니다. 단순히 비즈니스 성공 이상의 가치가 얻어지는 것입니다.

일본식 옷장을 하는 그는 파트너인 오카모토 지로(岡本吏郎) 선생님에게 따로 코칭을 받고 있어서 자신의 역할이 무엇인지 충분히 알고 가업을 잇고 있을 것입니다. 그러면서 일본식 옷장을 어떻게 하면 부활시킬 수 있을지 궁리하고 있을 것입니다. 오카모토 선생님이 말씀하신 것처럼 "왜 일본식 옷장을 하는 집에 태어나게 됐을까?"를 생각하면서 나름 자기 자신만의 답을 내놓고 있을 것입니다. 그렇다면 선택은 하나입니다. 철저하게 해봐야 합니다. 하지만 현금은 되도록 쓰지 않아야 합니다. 무차입경영을 목표로 합니다. 그리고 매달 현금을 플러스로 전환할 수 있도록 노력합니다.

제가 그와 같은 입장이라면 인터넷에서 톱 브랜드가 되는 것을 목표로 삼을 것입니다. 언론에도 자주 노출해 신뢰도를 올리면 금상첨화입니다. 3대째 계속하고 있는 가업이기 때문에 어디서든 상을 받았을 것입니다. 상패와 상장을 들고 사진을 찍고 홈페이지에 게시합니다. 일본식 옷장으로는 최고라는 자부심을 1년 안에 확보합니다. 그렇게 연출을 해나가는 것입니다.

가격경쟁이 치열하다면 비용을 저렴하게 하는 방법을 고안합니다.

경기가 디플레이션에 돌입했다면 가격이 돌파구가 될 수 있습니다. 유니클로처럼 급성장하는 경우가 많아지는 것이죠. 아큐라홈이라는 회사는 비용을 줄이는 방법을 고안하면서 일시에 업계를 평정해 상장기업으로 도약할 수 있었습니다. 어떻게 주택업계가 비용을 줄일 수 있었는지 배워야 합니다.

파트너 컨설턴트인 히라 히데노부 선생님은 《건강 비용을 줄이는 방법》이라는 책을 썼습니다. 일본식 옷장의 비용을 줄이는 방법으로도 유용한 팁이 많이 실려 있으니 참고하면 좋습니다. 비용을 줄이게 되면, 소니 패밀리 클럽이나 통신판매에서도 상품을 판매할 수 있게 됩니다. 제가 예전에 근무했던 회사는 통신판매로 일순간 연 매출 1만 대 가까운 난방기를 판매하면서 수억 엔의 이익을 얻었습니다. 그 결과, 고사 직전이었던 사업이 가까스로 부활했죠.

비용을 줄이는 것과 동시에 엄청나게 비싼 제품도 준비해두는 것이 좋습니다. 침몰했던 배에서 건져 올린 사슴 가죽 신발이 10족 한정으로 판매된 적이 있었습니다. 신문에 판매 관련 기사가 떴는데, 신발 하나당 가격이 무려 60만 엔이었죠. 이처럼 엄청나게 비싼 상품을 구비해두면 화제성이 생깁니다. 언론에 노출되면 아무리 비싼 상품이라고 할지라도 구매하겠다는 사람이 있습니다. 속옷회사가 다이아몬드를 박은 브래지어를 1,000만 엔에 파는 것과 같은 이치입니다. 이는 매스컴을 이용해서 브랜드의 가치를 높이는 게릴라 수법입니다.

대단한 역할을 부여받은 이상, 그가 걸어가야 할 길은 쉬운 길이 아닐지도 모릅니다. 하지만 분명 가치가 있는 일임에는 틀림이 없습니다.

당신의 12년을
예측하다

저는 최근에 놀라운 발견을 하나 했습니다. 그것이 무엇이냐면 바로 인생의 '봄여름가을겨울 이론'입니다. 저번 달 말에 골드 회원을 위한 메일을 보내고 있는데요. 우선 먼저 읽어봐주시길 바랍니다(233~234페이지 참고).

이 아이디어는 《60분간·기업 일류화 프로젝트》라는 책을 쓰고 있는 동안 머릿속에 떠올랐습니다. 원래는 쓰고 있던 책을 빨리 끝내고 싶었으나 이 아이디어가 떠오르는 바람에 집필을 중단하고 저의 지나온 12년 세월을 돌아보게 됐습니다.

그 결과, 인생을 계절별로 구분하는 방법이 마구 쏟아져 2페이지에 가까운 원고를 단숨에 써 내려갔습니다. 같은 내용을 여기에도 왜 소개하느냐 하면, 그만큼 풀리지 않던 의문이 풀렸기 때문입니다. 그 의문이라는 것은 무엇일까요?

실천회 회원들을 살펴보다 보면 금방 결과를 내는 사람과 수년이 지나도 결과가 나오지 않는 사람이 있습니다.

미래를 예측하는 경영자

얼마 전, 창업가로 상당히 성공한 실천회 회원 4명과 이야기를 나눈 적이 있습니다. 기묘한 에피소드였는데, 창업하기까지 얼마큼의 시간이 걸렸는지가 화제에 올랐습니다. 4명 중 3명은 약 2년 동안의 준비기간을 거치고 창업했다고 하더군요.

그런데 저도 다이렉트 리스폰스 마케팅을 고안하고, 그것을 실행하기까지 2년이 걸렸던 터였습니다. 그렇게 시험을 하고 독립했습니다. 이처럼 한 콘셉트가 탄생하고, 이를 실행하기까지는 2년 정도의 시간이 소요되는 것을 알 수 있습니다.

왜 2년이라는 시간이 걸리는 것일까요? 저는 이 안에 대해서 나름의 해설법을 갖고 있습니다. 여기서 소개해드릴까 합니다.

우리는 12년이라는 S커브의 흐름을 타고 살고 있다는 말이 있습니다. S커브란 무엇일까요? 탄생, 성장, 성숙, 쇠퇴라는 생애주기가 있다는 것입니다. 이것을 그래프로 만들면 S자 형태의 성장곡선이 그려지기 때문에 S커브라고 불립니다. S커브가 적용되는 경우는 엄청나게 많습니다. 예를 들면, 쥐나 토끼의 개체수 증가도 깔끔하게 S커브를 그립니다. 이 S커브를 비즈니스에 응용하면, 언제 어느 시점에 비즈니스가 성장할지, 그리고 언제까지 그 성장이 이어질지 예측되는 경우가 많습니다. 저는 수개월 단위로 예측할 수 있다고 봅니다. 천연가죽 제품이 지고 인조가죽이 대체하는 시점을 2001년 여름으로 예상한 것도 들어맞았고, 인터넷의 제2차 진입기가 올해 봄부터라고 예측한 것도 맞아떨어지고 있습니다.

이 S커브가 사실 우리 인생에도 그대로 적용되는 것은 아닐까 하는 게 저의 판단입니다. 구체적으로는 S커브를 4개의 구역으로 나눠 각각 사계절에 대입하면 다음과 같은 특징을 갖게 됩니다.

봄　　이제 잎이 나기 시작한다. 활기.
　　　두근두근
여름　고수익. 시스템. 관료주의
가을　추수(투자가 적으므로), 만년(晚年)
겨울　시행착오. 새로운 아이디어. 저수
　　　익. 구조조정

창업하고 수년간은 단일 사업밖에 할 수 없으므로 비즈니스상의 사계절은 경영자 자신의 사계절과 일치하는 경우가 많습니다. 예를 들어, 제가 이 흐름에서 지난 12년간을 되돌아보면?

가을		겨울	
1991	MBA	1994	결혼
1992	MBA, 컨설턴트 회사 입사	1995	다이렉트 리스폰스 & 포토 리딩과의 만남
1993	가전제품 브랜드 회사 입사	1996	배움의 시대 (시행착오)
봄		여름	
1997	결과가 나오기 시작	2000	《90일》 히트
1998	독립	2001	《입소문》, 《포토 리딩》 히트
1999	《소예산》 출판 등	2002	《비상식》 히트

재미있는 사실은 지금 잘 팔리고 있는 다이렉트 리스폰스 마케팅과 포토 리딩이 같은 해에 이루어졌다는 것입니다. 겨울의 시기는 새로운 아이디어를 착안하는 시기인데, 그게 딱 맞아떨어진 것이죠.

지금의 저는 여름의 시기에 진입하고 있습니다. 여름이라는 계절은 성장 커브에 따라 자기 멋대로 성장하는 현상이 일어나는 시기입니다. 이 부분을 자기 실력이라고 착각하게 되면 빌딩을 세우거나 하면서 스스로 과오를 범하기도 합니다. 저의 경우, 내년부터 가을로 들어서기 때문에 지금 정신을 바짝 차리지 않으면 안 됩니다. 가을을 맞이하면, 겨울을 잘 넘기고 봄의 시기에 비즈니스를 활성화할 필요가 생깁니다. 즉, 자기 자신의 생애주기로부터 영향을 받지 않도록 계절마다 여러 비즈니스를 준비해두고 리스크의 분산을 도모합니다. 그러면 지속적인 성장이 가능해지는 것이죠.

제가 구상한 100억 엔 사업을 함께하고 있는 소노 씨(실천회 파트너 컨설턴트)와 NTT대리점에서 전국 톱을 찍은 남자, 주토 씨도 비즈니스가 겨울에 진입하기 전에 사업에서 손을 떼고 있습니다. 이처럼 성공하는 사람들은 무의식적으로 흐름을 잘 타고 있는 것을 확인할 수 있습니다.

흐름을 탄다는 것. 이것만 제대로 알아도 훌륭합니다. 흐름을 알면 신규 사업을 언제 시작할지 그 시기를 알 수 있습니다. 겨울의 시기에 큰 투자를 하는 대표들이 있지만, 절대로 잘될 수가 없습니다. 자신이 어느 계절에 놓여 있는지를 알면 실패도 적고, 실패 자체가 오히려 즐거울 수 있습니다.

이번 이야기는 어디까지나 가설입니다. 반드시 이 이론으로만 설명되는 것은 아닙니다. 하지만 여러모로 다방면으로 활용할 수는 있을 것입니다. 더 많은 자료가 있다면 좋습니다. 여러분도 자신의 연표를 가지고 그 결과를 알려주세요. 그 결과를 취합해서 다시 여러분들과 공유하고 싶습니다.

보내주실 주소는 실천회 광고 전용 메일 주소로 부탁드립니다. ●●●●@●●●●●●(답신은 약속드리지 못 하지만 꼭 읽어보도록 하겠습니다)

방법론 자체는 단순하므로 시도만 하면 90일 안에 효과가 발생합니다. 그런데 왜 당장 효과가 나오지 않는 회원들이 있을까요? 왜 2~3년이 지나서야 실력을 발휘하는 회원들이 많은 것일까요? 그에 대한 답은 '비상식적인 성공법칙'을 넘어서는 성공법칙이기 때문입니다.

성공의 법칙이란 대체 무엇일까요? 그것은 인생의 파도에 몸을 싣고 있느냐, 아니냐로 판가름 됩니다.

"그런 것은 예전부터 말씀해오신 것 아닌가요?"

네. 그렇게 화를 내실 수도 있습니다. 하지만 화를 내는 것은 잠시 뒤로 미루어두시면 어떨까요? 이 파도를 예측하는 방법을 알려드릴 테니까요. 그것도 아주 쉽게 말입니다.

인생에는 12년의 주기가 있습니다. 12년을 봄여름가을겨울로 4등분을 하면 각각 3년이라는 시간이 할당됩니다. 계절에는 그만의 특징이 있습니다. 봄은 잎사귀가 땅을 뚫고 나오는 시기입니다. 여름은 그 잎이 쑥쑥 자라서 성장합니다. 가을은 맺힌 열매를 선택해 추수합니다. 겨울은 새로운 아이디어를 내고 다음을 기약합니다.

이렇듯 전혀 다른 환경이 우리를 둘러싸고 있습니다. 환경이 달라지면 우리도 다른 행동을 해야 합니다. 그렇지 않으면 성공할 수가 없습니다. 겨울에 수영하러 바다에 놀러 갈 수는 없는 노릇입니다. 인생에서도 각각의 시기에 맞는 해야 할 일, 하지 말아야 할 일이 있습니다.

해야 할 일을
해야 할 타이밍에

각각의 시기에 우리가 꼭 해야 할 일은 무엇일까요? 간단하게 그래프로 정리하면 237페이지와 같습니다.

가을은 추수의 계절입니다. 지금까지 해왔던 일들이 열매를 맺습니다. 매상은 정점을 달성하고 있고, 더 이상의 투자는 없으므로 수익이 계속 올라가는 시기입니다.

"그것참 좋은 일이네요. 계속 매상이 오르니까요."

이렇게 생각하는 사람들도 있겠지만, 이야기는 그렇게 단순하지 않습니다. 사실 수확이 가능한 사람과 그렇지 않은 사람이 있기 때문입니다. 봄이 오기 전에 씨를 뿌려놓지 않은 사람은 잎사귀가 나오지 않습니다. 잎사귀가 나온다 한들 물을 주지 않았다면 꽃을 피우기가 어렵겠죠. 즉, 가을이 오기 전의 9년이라는 시간 동안 어떤 길을 걸어왔는지에 따라 결과도 달라지는 것입니다.

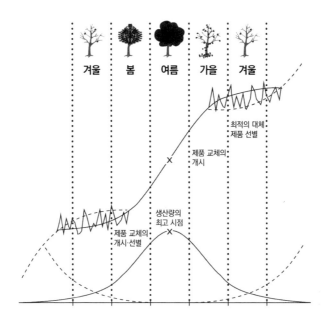

| 생애주기의 계절에 맞는 일 |

겨울　봄　여름　가을　겨울

최적의 대체
제품 선별

제품 교체의
개시

생산량의
최고 시점

제품 교체의
개시·선별

비즈니스 주기의 사계절.

각 계절이 변하는 시기의 성장 레벨은 다음의 2가지를 전제로 하고 있다.

(1) 모든 계절의 지속 기간은 일정하다.

(2) 대체 제품이 맞이하는 첫 번째 겨울은 현재 시장에 있는 제품의 마지막 겨울과 겹친다. 저성장기에는 큰 혼란을 일으키는 파동이 발생한다.

《'S커브'가 불확실성을 극복한다》(세어도어 모디스)에서 참고.

가을이 오고 나서야 아무것도 하지 않았다는 것을 뒤늦게 알아채도 이미 늦습니다. 추수를 하려고 해도 어떻게 할 도리가 없습니다. 그렇다면 어떻게 해야 할까요? 반성하고 노선을 수정하는 수밖에 없습니다. 가을은 이처럼 자신을 돌아보는 계절입니다. 지금까지의 문제를 돌아보고 개선해나가는 시기입니다. 즉, 깨달음의 계절이라고 볼 수 있죠.

예를 들어봅시다. 가을이 왔습니다. 독립하고 4년이 지났죠. 금전적으로는 상당히 성공했습니다. 하지만 돌이켜 보면 큰 문제를 여러 번 일으켰다는 것을 알고 있습니다. 그 깨달음에서 공부하고 다음의 12년을 준비합니다.

똑같은 일이 반복되면 좋겠지만, 금전적인 성공과 균형을 얻었기 때문에 자칫 잘못 판단하는 경우가 있습니다. 상당한 대출을 받아서 함정을 체험하는 것처럼 말이죠. 정상을 찍고 내려오는 롤러코스터처럼 하염없이 아래로 추락할 수도 있습니다.

겨울은 끝이면서 시작을 의미합니다. 지금까지의 조직, 상품이 죽어갑니다. 하지만 우리가 일반적으로 느끼고 있는 것처럼 꼭 최악의 시기를 뜻하는 것만은 아닙니다. 힘들지만 새로운 아이디어가 샘솟으면서 그 아이디어를 정착해나가는 시기이기도 합니다. 새로운 아이디어, 그리고 새로운 만남으로 새로운 시작을 실천해나갑니다.

겨울에 내놓는 아이디어가 모두 잎사귀를 틔우는 것은 아닙니다. 솔직히 말씀드리면 대부분의 아이디어는 잎사귀를 내보기도 전에 실패합니다. 그 다수의 아이디어 중에서 단 일부가 봄이 되면 싹을 틔우게 됩니다.

이 시기에는 작은 실패를 여러 번 경험하면서 새로운 아이디어가 잘

될지, 안될지를 판가름하며 신중하게 나아갑니다. 여기서 크게 한 방을 터트리는 것은 시기상조입니다.

겨울을 넘기면 기다리고 기다리던 봄이 옵니다. 봄은 아이디어가 구체화되는 시기입니다. 지금까지 시도해온 일이 여러 사람에게 지지받기 시작합니다. 광고 전단을 뿌리면 고객들로부터 반응이 옵니다. 이것으로 괜찮을까 싶어 고민하면서도 배는 앞으로 나아갑니다. 여러 번의 실패를 맛보지만, 이번에는 겨울의 실패와 차원이 다릅니다. 시도한 일 중 성공하는 경우가 더 많아집니다. 일은 즐겁지만, 이 시기의 업무량은 상당합니다. 창업자의 경우라면 아직 사람을 채용하는 시기는 아닙니다. 따라서 자기 혼자 필사적으로 밤잠을 설쳐가며 일합니다.

그리고 이번에는 여름이 옵니다. 여름이 되면 회사는 쑥쑥 성장합니다. 지금까지 저조한 성장을 하고 있었다면 갑자기 급성장합니다. 이 시기에는 특별히 목표, 계획 같은 것을 세우지 않아도 승승장구합니다. 이때는 계속 팔고, 또 팔고, 지치도록 팝니다. 이 시기에 파는 것을 주저한다면 가을, 겨울에 수확할 열매가 없습니다.

여름의 과제는 매출이 급격하게 상승하기 때문에 그것을 처리하는 능력, 즉 수주를 효율화하는 능력이 필요해집니다. 조직의 시스템화, 법칙을 만드는 것도 중요합니다. 가을, 겨울을 향해 조직의 시스템화를 확실히 해두지 않으면 나중에 큰일이 벌어집니다. 고객으로부터 클레임이 들어오거나 직원들이 이유를 불문하고 반란을 일으킬 수도 있습니다. 아픈 사원이 속출하고, 가족에게 사고가 생기기도 합니다. 이런 문제들은 안타깝게도 회사의 시스템화가 이루어지기 전까지 계속 반복적으로 일어납니다. 즉, 다음의 계절까지 필요한 과제를 완수해놓지 않는

다면, 계절이 끝나가는 시점이 다가와도 예측하는 게 불가능합니다. 생각보다 훨씬 복잡한 문제가 일어날 수 있다는 점을 유념하셔야 합니다.

대표에게
가장 어려운 시기는?

　지금까지 사계절에 관해 설명했습니다. 그런데 어느 계절이 가장 대처하기가 어려울까요? 바로 따뜻한 시기에서 서늘한 시기로 넘어가는 환절기입니다. 회사와 대표의 계절을 겹쳐서 살펴보면, 여름의 정점 시기까지 회사는 급속도로 성장합니다. 광고 전단을 뿌리면 고객은 점점 모여듭니다. 그런데 늦은 여름이 다가오면 광고 전단의 효과가 점차 떨어지게 됩니다. 그런데 회사 입장에서는 투자 비용이 적게 들어가는 시점이기 때문에 현금은 꽤 쌓여 있습니다. 그러면서 지금까지 잘 참아왔던 회사는 '지금의 상태라면 어떻게든 되겠지?'라고 자만하면서 대저택을 짓거나 빌딩을 세우거나 합니다. 이것이 바로 치명적인 실수가 됩니다.

　이렇게 잘나가다가 실수를 왜 하게 될까요? 초여름이든, 늦여름이든 비슷한 두근거림이 계속 있기 때문입니다. '나는 잘하고 있어', '나는 성공했어'라는 마음에 큰 변화가 없기 때문입니다. 하지만 **문제는 여기서 갈립니다. 앞으로 올라갈 것이냐, 떨어질 것이냐가 판가름 납니다.**

　초여름의 경우는 지금부터 현금 자산이 계속 쌓입니다. 한편, 늦여름의 경우는 현금 자산이 점차 줄어들게 됩니다. 만약 대출한다면 초여름일 때가 좋습니다. 얼마든지 대출을 갚을 수 있으니까요. 하지만 늦여름부터 초가을에는 대출이나 큰 투자를 하는 것은 삼가야 합니다. 자칫하면 그 일이 앞으로 9년의 세월 동안 큰 영향을 미치게 되기 때문입니다. 참으로 무서운 일이죠.

하지만 대다수 회사가 뜨거워지기 전까지의 시간과 추워지는 시간에 대해 실수를 저지르곤 합니다. 많은 회사가 한창 여름을 지날 때 "우리 회사는 대단해!" 하면서 상장을 준비하기도 합니다. 그런데 상장을 준비하려면 3~5년의 세월이 후딱 지나가버립니다. 즉, 겨울의 시기가 도래하는 것이죠. 겨울에 상장을 공개한 순간, 주식은 떨어질 수밖에 없습니다. 상장을 목표로 한다면 차라리 초여름을 목표로 삼는 게 좋습니다. 주주들을 생각한다면 더더욱 그래야 합니다. 그런데 대다수 회사는 내리막길에 들어서면서 상장을 공개합니다. 주주에게는 주식의 가치가 정점일 때이겠지만, 이후 바로 주가가 내려가면서 기업의 대표는 괜히 상장했다는 후회를 하게 됩니다.

여름의 시기에는 체력이 있습니다. 체력이 든든하게 뒷받침되기 때문에 변화를 일으켜도 능히 감당할 수 있습니다. 예를 들면, 제품 교체, 대표의 교체, 회사 조직의 변화 등을 꾀해도 짧은 시간 안에 금방 안정을 찾을 수 있습니다. 만약 창업가에서 차기 대표로 교체를 시도한다면 여름에 실행하는 것이 좋습니다.

그런데 문제가 있습니다. 창업가는 한창 정점을 찍고 있는 여름에는 자신의 지위에 집착합니다. 회사가 잘 돌아가지 않기 시작할 때 대표를 교체한다면 이미 늦습니다. 유니클로의 인사[26]를 봐도 명확하게 알 수 있습니다. 상당히 안 좋은 시기에 대표를 교체했다고 보는 것이죠. 앞으로 어떻게 흘러갈지 지켜보는 것도 흥미진진한 일입니다.

자, 그럼 실제로 '봄여름가을겨울 이론'의 흐름에 올라탄다면 어떤 일이 일어날까요? 간단히 말해서 여러분은 성공을 보장받을 수 있습니다. 여기 100억 엔으로 기업을 창업하고 매각한 경험이 있는 20대의 대표가 있다고 가정해봅시다. 또 직원 2명으로 3년 사이에 10억 엔의 총이익을 내는 회사를 만들고, 현재는 회장직에 있는 30대의 대표가 있습니다.

이 두 사람은 봄에 창업해서 늦가을에 보란 듯이 사업을 축소해 변화를 꾀하고 있습니다. 그들이 '봄여름가을겨울 이론'을 알고 있어서가 아닙니다. 그런데도 훌륭하게 이성적으로 판단해서 사업을 컨트롤합니다. 사업의 봄여름가을겨울만 잘해나가고 있는 것이 아닙니다. 대표 자신들의 삶도 계절에 맞게 잘 대처하고 있습니다. 즉, 내기할 때는 내기를 하고 자신을 통제하고 공부를 해야 할 때는 공부를 합니다.

한편, 계절에 올라타지 않는 사람은 어떻게 될까요? 아무리 현명하고 우수한 사람일지라도 고생을 할 수밖에 없습니다. 마케팅을 잘해나가는데도 불구하고 이상하게 실패를 맛봅니다. 사업 초기에 돈을 쓰지 말아야 할 시기에 돈이 드는 사업을 시작하므로 생각한 만큼의 고객이 모이지 않습니다. 그러면서 빚도 점점 불어납니다.

---

26) 유니클로의 인사 : 실제로 2002년 다마즈카 겐이치(玉塚元一) 상무가 사장으로 취임했지만, 2005년에는 해임되어 창업자 야나이 타다시(柳井正) 씨가 복귀했습니다.

"헉, 제가 혹시 이 경우에 해당하는 것이 아닐까요? 어떻게 하면 좋죠?"

포기하십시오. 운명이니까요. 받아들이셔야 합니다.

농담입니다. 하하하. 잠깐 웃기려고 한 말입니다. 겨울인데 해수욕장에 가서 수영하는 것과 같은 것이니까요. 물론 감기는 걸리겠죠. 이럴 때는 확실하게 계획을 세워 숫자를 세세하게 살피며 사업을 조종하는 자세가 필요합니다. 매달 매달이 숫자와의 싸움입니다. 예산을 꼼꼼하게 짜서 매일 체크해야 합니다. 들고 다니는 가방 속에 예산표를 넣고 다니면서 틈이 날 때마다 살핍니다. 입에 숫자가 자연스럽게 붙을 수 있을 때까지 노력합니다. 그렇게 하면 **신기하기도 예산이 달성되는 마법**이 일어납니다.

지금부터가
겨울

"음, 저는 연 수입이 700만 엔만 되어도 충분합니다. 지금 잘살고 있으면 그것으로 괜찮아요. 무리하게 새로운 일을 벌이고 싶지는 않습니다."

누구는 이렇게 생각할 수 있습니다. 지금까지는 그렇게 생각하고 살아도 괜찮았습니다. 하지만 지금부터가 문제입니다. 역사학자들의 최근 연구에 따르면, 상당한 정밀도(하루의 단위까지 정확하게)로 역사의 반복주기가 설명된다고 합니다. 그렇다면 지금은 어느 시기에 해당할까요? 봄여름가을겨울에 빗대어 보면 가을에 해당한다고 합니다. 그런데 대부분 회사가 '지금은 경기가 나쁘군. 봄은 언제 돌아올까?'라고 생각한다는 것이죠. 즉, 지금의 시기를 겨울이라고 착각하고 있다는 것입니다.

이렇게 잘못된 판단 속에는 **오싹할 정도의 위험**이 도사리고 있습니다. 가을이 어떤 시기입니까? 맞습니다. 수확의 계절입니다. 지금의 시기가 가을이기 때문에 현재 거액의 부를 거머쥐는 사람들이 크게 늘고 있습니다. 이렇듯 수확을 할 수 있는 사람은 행복합니다. 왜냐하면 겨울을 대비할 수 있는 풍요로움이 있기 때문입니다. 그런데 이 시기를 그냥 지나쳐버리면 최악의 상태에 놓이게 됩니다. 혹독한 겨울을 맞이하기 때문입니다. 회복하기는커녕 쇠퇴의 나락으로 떨어지게 됩니다. 이런 현상은 아마도 5~10년 이내에 발생하게 될 것입니다(저는 늦어도 2008년[27] 무렵에는 올 것으로 전망합니다).

앞으로 10년 안에 어떤 태도나 생활 자세를 해야 할지 생각해두지 않으면, 그 후에 일어날 일들은 상당히 쓰라릴 수 있다고 예상되는 시대가 바로 지금입니다. 자, 그럼 이 가을의 시기에 여러분은 무엇을 하시겠습니까?

---

27) 늦어도 2008년 : 실제로 2008년 9월 15일에 리먼 브라더스가 파산해서 세계는 불황에 돌입했습니다.

요즘
젊은 것들은 말이야

　포토 리딩 집중강좌에서 17살의 고등학생을 만난 적이 있습니다. 포토 리딩이란 정보처리 속도를 비약적으로 빠르게 하는 기술로, 미국에서 개발한 획기적인 기술입니다. 이 강좌는 원래 18살 이상을 대상으로 하는 것이었습니다. 그런데 17살 고등학생이 꼭 참가하고 싶다며 적극적으로 메일을 보내왔고, 우리는 그에게서 확실한 인상을 받아 수강을 허락하게 됐습니다.

　그런데 실제로 학생을 만나고 보니 더 놀라웠습니다. 웬만한 성인보다 사물을 파악하는 시선이 진지했습니다. 저의 17살 시절과 비교할 수 없을 정도로 상당히 훌륭했죠. 게다가 포토 리딩 수강료인 10만 엔도 스스로의 힘으로 구해 지불했습니다. 우리 홈페이지에 직접 방문해 이것저것을 문의했다고 합니다. 돈도 스스로 구해냈지만, 공부도 스스로 하고 있었습니다. 즉, 자신의 공부를 위해 스스로 투자하고 있는 셈입니다. 이 학생이 강좌 초기에 질문을 한 내용은 바로 이것이었습니다.

　"독서를 할 때 책을 그냥 읽어내는 것이 아니고, 그 책에 적혀 있는 내용을 습관화해서 저의 피와 살이 될 수 있게 하는 방법이 궁금합니다."

이보게, 자네는 아직 17살이라네. 17살. 제가 같은 나이일 때는 그냥 기타 치는 소년이었습니다. 그 학생이 했던 질문과 같은 것은 생각도 하지 못했죠.

같이 강좌를 수강한 다른 수강생은 그 학생의 나이가 도통 가늠되지 않는다고 말했습니다. '활성화 세션'이라고 해서 뒤풀이하며 수강생들끼리의 교류를 도모하는 자리에서도 그 17살 학생은 적극적인 태도로 참가했습니다. 술을 한 모금도 마시지 못했지만 말이죠.

휴식 시간 중에는 "어떤 책이 좋을까요", "어떻게 공부하면 될까요?" 하며 저에게 질문을 계속 던졌습니다. 꽤 수준이 높은 참가자들이 있는 세미나였지만, 그중에서도 그는 돋보였습니다. 나이는 어렸지만, 최후에는 리더십을 획득해 이메일 리스트를 관리하게 됐습니다. 게다가 실천회에는 골드 회원으로 입회했고, 일류기업실천 세미나를 여러 강좌 수강했습니다. 실로 놀라운 학생이었습니다.

이렇게 훌륭한 고등학생을 보고 나니, '나이 문제가 아니야'라는 것을 순간순간 느낄 수 있었습니다. 결국 "나는 10년의 경험치가 있어"라고 말하고 있지만, 1년 동안의 경험을 10번 반복하고 있을 뿐인 사람과, 높은 수준의 경험에 매년 도전하는 17살 소년과는 비교조차 할 수 없는 일이었습니다.

언젠가 그 학생이 슬쩍 건넨 말 덕분에 기뻤던 적이 있습니다.

"학교 수업을 들을 때는 언제나 졸고 있었습니다. 그런데 이 세미나는 너무 재미있어서 잠이 오지 않아요."

그렇죠? 실제로 쓰이는 학문은 엄청 재미있는 학문이니까요. 포토 리딩은 정보처리의 속도를 비약적으로 빠르게 하는 기술입니다. 살아가는 속도, 성장하는 속도가 크게 달라지죠. 이 기술을 고등학생 때부터 몸에 습관화시킨다면 어떻게 될까요? 저는 그의 성장을 대단히 흥미롭게 지켜보고 있습니다.

나는 어떻게 매번
베스트셀러를 낼 수 있을까?

여러분들의 응원 덕분에 제가 지금까지 발행한 책들의 발행 부수가 60만 부[28]를 넘어섰습니다. 《당신의 회사가 90일 안에 돈을 번다!》는 3년이 지난 지금도 꾸준히 팔리는 마케팅 전문 서적입니다. 《입소문 전염병》은 '일경MJ'가 뽑은 작년의 경제경영서 5에 유일한 마케팅 서적으로 랭킹에 올라와 있습니다.

그리고 제가 감수한 책인 《당신은 지금보다 10배 빠르게 책을 읽을 수 있다》는 독자들에게 공부와 속독의 유행을 불러와 '10배'라는 워딩을 제목으로 하는 책이 다수 출간하는 사례가 이어졌습니다.

또 다른 감수 서적인 《로버트 아렌의 실천! 억만장자 입문》도 5만 부를 넘기면서 대히트를 쳤습니다. 이로써 하나의 수입원이 아닌, 복수의 수입원이 필요하다는 것을 알리게 된 셈인 것이죠.

어떻게 이렇게 지속해서 히트 칠 수 있었는지 궁금하신가요? 사실 간단합니다. 세상의 흐름을 읽어내고 예측하면 됩니다. 전 마이크로소프

---

28) 60만 부 : 2002년 당시입니다. 지금은 총 250만 부를 넘어서고 있습니다.

트사의 일본 대표를 지낸 나리모 마코토(成毛眞) 씨는 이렇게 말했습니다.

"목표를 갖는 것은 백해무익합니다. 경영자는 예측하는 힘이 전부예요."

나리모 씨는 예측하는 힘을 기르기 위해 어렸을 때부터 책을 읽는 습관을 들였다고 했습니다. 저의 경우, 포토 리딩을 만나기 전까지는 책을 읽는 것이 썩 편하지만은 않았습니다. 하지만 세상의 흐름을 예측할 수 있다니 계속 독서를 할 수밖에요.

그렇다면 예측하는 힘의 비밀은 무엇일까요? 살짝 귀띔해드리겠습니다. 아무에게도 말하지 않기로 약속해주세요. 시류를 읽고 미래를 예측하려면 100만 부를 넘긴 책, 그러니까 밀리언셀러의 1년에서 1년 반 뒤를 지켜보면 됩니다. 전에도 쓴 적이 있지만 이렇게 수년간을 지켜보면 출판계의 베스트셀러가 확실히 시대의 분위기를 투영하고 있고, 그 영향력을 다시 세상에 행사하고 있는 것을 알 수 있습니다.

예를 들어볼까요? 2000년 여름에는 《누가 내 치즈를 옮겼을까?》가 대단히 히트를 쳤습니다. 이 책을 통해서 사람들은 '지금부터 바뀌지 않으면 안 되는 것들', 그리고 '현재 집착하고 있는 치즈가 언제 어느 때에 사라질지도 모른다는 사실'을 알게 됐습니다.

그 후에는 《부자 아빠 가난한 아빠》가 2000년 11월에 출판됐습니다. 이 책에서는 '월급쟁이로 살아서는 윤택한 생활을 할 수 없다. 부자가 되려면 비즈니스 오너, 아니면 투자가가 되어야 한다'라는 인식을 사람들에게 심어줬습니다.

이렇게 책을 통해 배운 깨달음은 대체 누가 먼저 시작할까요? 중소, 영세기업의 대표들입니다. 기업의 대표들이 먼저 책을 읽고, 책을 통해 얻은 깨달음은 그의 가족들에게 확산됩니다. 그다음으로 회사의 직원들에게 확산되고, 직원들의 가족에게까지 의식의 흐름이 전달됩니다.

사람에게서 사람으로 정보를 전달하는 매개체로서의 상품은 책만 있는 게 아닙니다. 티셔츠를 판매하는 이지라는 회사의 키시모토(岸本) 사장에게 들은 이야기입니다. 키시모토 사장이 티셔츠를 구매하게 되면 대략 45~60일 사이에 가족들에게 전달이 됩니다. 먼저 사장이 티셔츠를 입습니다. 사장의 부인은 그 옷을 세탁하는 사이 "이 옷 좋아 보이는데 우리 애들 것도 주문해줘"라며 부탁합니다. 그러다 부인마저 자신의 티셔츠를 구매하게 된다는 이야기입니다. 그 가족의 티셔츠 전달력은 세탁하는 횟수에 따라 결정된다고 합니다. 즉, 부인이 세탁을 6번 정도 하면, 가족들 안에서 티셔츠를 입는 사람이 늘어난다는 것이죠.

이렇듯 알게 모르게 중소기업 사장님들의 영향력은 대단하다고 볼 수 있습니다. 이 때문에 중소기업 사장님들이 읽는 책이 히트를 쳐서 100만 부를 넘기는 베스트셀러가 되면, 그 책이 세상의 흐름을 움직이는 동력이 됩니다.

중소기업 대표들이 책을 읽고, 또 가족이 읽고, 직원이 읽고, 또 그 직원들의 가족이 읽으면서 100만 부를 넘긴 책의 효과는 약 1년에서 1년 반이 지나면서 현실로 나타나게 됩니다. 《부자 아빠 가난한 아빠》가 시장에서 팔리고 있다고 예를 들어봅시다. 그 책을 읽은 사람이 먼저 그 책의 내용, 사실을 확인하는 데 다소 시간이 걸립니다. 그렇게 얻어진 깨달음이 피와 살이 되어 실제 행동으로 이어집니다. 그렇게 행동으로 이어지기까지 걸리는 시간은 1년 정도입니다. 구체적으로 '월급쟁이로는 미래가 없다'라는 사실을 소화하려면, 1년 정도의 시간이 걸리는 것입니다.

생각이 바뀌면 행동은 따라오게 되어 있습니다. 패러다임(사고의 조직)이 변하면 무의식적으로 사고에 변화가 생깁니다. 그 결과로 행동도 무의식적으로 변하게 됩니다. 그렇게 되면 아무것도 하지 않으면 큰일 난다고 생각하는 사람들의 수가 늘어납니다. 하지만 구체적으로 어떻게 변해야 하는지 잘 모르고 있죠. 그래서 '어쩔 수 없이 우선 책이라도 빨리 읽어내자'라고 생각하는 사람들이 많아집니다. 이 지점에서 저는 포토 리딩에 관련된 책이 잘 팔릴 것이라는 예측을 했습니다.

제가 한 예측대로 속독과 공부에 열중하는 사람들이 늘어 하나의 유행이 됐습니다. 공부 유행이 끝나게 되면 다음에는 어떤 것이 유행하게 될까요? 이번에는 구체적으로 자격을 취득한다거나 창업을 준비하는 사람들이 많아질 것입니다. 그래서 저는 2년 후에 창업을 목표로 하는 사람들을 위해 《비상식적인 성공법칙》[29]을 쓰게 된 것입니다. 확실히 올해는 작년과 다른 양상을 보이고 있습니다. 창업을 목표로 달리는 사람들을 위한 시장이 상당히 뜨거워졌습니다.

---

29) 《비상식적인 성공법칙》: 2002년, 포레스트 출판사에서 발행된 간다 마사노리의 《마케팅 책이 아닙니다》 책입니다. 2011년에 새롭게 개정판으로 나왔을 때는 저자 스스로 "제가 제일 싫어하는 책입니다"라고 말하고 있는데….

일본이
필리핀처럼 된다고?

　일본은 현재 양극화가 극심합니다. 앞으로의 일본은 어떤 사회로 향할까요? 결론부터 말씀드리면 공부하는 사람에게는 절대로 나쁜 사회가 되지 않는다는 것입니다. 실제로 실천회를 4년 정도 다니는 사람들 중에서 억만장자가 계속 탄생하고 있습니다. 그런데 앞으로 수년 정도 지나면 연 수입이 5,000만에서 1억 엔 정도 되는 사람은 그다지 대단하지 않은 경우가 될 수 있습니다. 이런 부자들에 한해서 일본은 상당히 살기 좋은 나라가 될 것입니다. 왜냐하면 경제가 안 좋은 나라의 부자들은 엄청나게 호화로운 생활을 즐기면서 살아갈 수 있기 때문입니다.

　예를 들어볼까요? 제가 미국의 대학원에 유학했을 당시의 이야기입니다. 필리핀에서 온 부자들의 자제들이 유학을 오곤 했습니다. 그중 하나는 26살의 여학생이었는데 물을 끓이는 것도, 빨래를 하는 것도 전부 처음 경험하는 것이라고 했습니다. 지난 26년의 세월 동안은 가정부가 모든 것을 해줬다고 하더군요. 그런 필리핀의 부자 자제들과 친해지면서 그들의 집으로 놀러 간 적이 있었습니다. 그 집에는 우리 일본인들이 상상하고 있던 필리핀의 빈곤한 이미지는 하나도 없었습니다.

마닐라의 필리핀 거부들이 사는 지역에 가면 별천지가 펼쳐집니다. 그 지역에 들어서려면 게이트를 통과해야 하는데, 게이트를 지키는 경비원의 검문을 받아야 합니다. 그 게이트 안에 들어가면 부자들의 마을이 보입니다. 약 1,000세대 정도가 살고 있는데, 마치 비버리힐즈를 연상케 하는 호화로운 주택들의 모습이 펼쳐집니다. 친구 집에 들어서니 여러 명의 가정부가 우리를 맞이하더군요. 한 달 급여가 3,000엔밖에 되지 않기 때문에 가정부가 많습니다.

대저택 안에는 지하에서 물을 끌어 올린 거대한 수영장이 있고, 멋진 조각상들이 진열되어 있었습니다. 미술관을 연상시키는 훌륭한 정원에서 가든파티를 열면서 수영장에는 맛있는 술들이 준비되어 있고, 완벽한 춤을 추면서 모두가 즐기는 시간을 가졌습니다. 이것이 빈곤한 나라의 부자들이 노는 모습입니다. 이런 상황은 인도든, 말레이시아든, 나이지리아든 똑같습니다(아, 참고로 저는 나이지리아에서 1년간 살아본 적이 있습니다. 흑인 가정부와 운전사를 한 달에 3,000엔 급여를 주고 살았습니다. 매일 테니스를 치면서 나름 호화롭게 살았었죠).

이런 사회가 과연 좋은 사회냐고 물어보신다면 의견은 분분할 것입니다. 빈부 격차가 너무 심해지면 그 차이를 줄이기 위해 폭력 운동 등이 일어날 수 있습니다. 양극화 사회를 우리가 좋아하든, 좋아하지 않든 일본도 현재 그런 사회로 향하고 있음은 틀림이 없습니다. 그 상황에서 에스컬레이터를 탈 것인지, 타지 않을 것인지는 오직 자신만이 판단할 수 있습니다. 만약 고속 에스컬레이터를 타기로 결심한 사람이라면, 필리핀의 거부들과 같은 윤택한 생활(그리고 책임)을 누릴 수 있을 것입니다.

며칠 전 신문을 보다가 한 기사를 봤습니다. 국가의 경쟁력을 다룬 기사였는데, 일본이 한국에 뒤처진다는 내용이었습니다. 그 원인 중 하나가 창업가 정신이 없다는 것이었습니다. 저는 그 기사를 보고 대단한 기회가 일본에 있을 것으로 생각했습니다. 이만큼 창업가 교육이 진행되지 않고 있다는 것은 지식을 가진 사람이 그만큼 잘 벌고 있는 환경이라는 반증이기 때문입니다.

일본의 경쟁력은 떨어지고 있고, 약 1억이 넘는 인구가 있으며, 돈을 가지고 있고, 심지어 세상을 대하는 태도가 서먹하다는 특징은 머리가 좋은 외국인 입장에서 다루기 쉬운 국민이 됩니다. 미국 입장에서 본다면 미국이 불황에 빠지게 되면 일본인들로부터 돈을 끌어오면 됩니다. 부동산 거품이 터지게 되면 일본의 바보 같은 대기업에 부동산을 팔면 됩니다. 그렇게 가격이 안정이 되면 다시 사들이면 되는 것이죠. IT산업의 거품이 꺼질 것으로 예측되면 일본의 바보 같은 대기업에 회사를 매각하면 됩니다. 간단히 말해서 장래를 예측하는 능력이 일본인에게는 없다는 이야기가 됩니다.

우리 실천회에서는 창업교육에 필요한 모든 과정을 진행하고 있습니다. 게다가 실력이 좋은 훌륭한 회원들도 많습니다. 저 스스로 말하기는 뭐하지만, 이 나라에서 돈을 벌기 위한 상당히 유리한 상황을 선점하고 있다고 생각합니다. 실천하는 사람들은 상품, 서비스를 저렴하게 만들면서 자기 자신은 윤택한 생활을 누릴 방법을 얻게 됩니다.

가난한 사람은 점점 가난해집니다. 그리고 성공하는 사람은 점점 성공하는 시대에 우리는 살고 있습니다. 그 속도가 최근 몇 년 사이 엄청나게 빨라지고 있습니다. 그리고 그 속도는 지금도, 앞으로도 계속 올라갈 것입니다.

왜 이처럼 양극화가 심해질까요? 지금까지 알려진 마케팅 방법은 썩 체계적이지 않았습니다. 체계화가 되어 있지 않기 때문에 적중률도 상당히 떨어졌었죠. 적중률이 떨어지는 마케팅을 실천한 사람들은 시행착오를 겪을 수밖에 없습니다.

그런데 지금은 이렇게 하면 성공할 것이라는 패턴이 어느 정도 체계화되어 있습니다. 즉, 정밀도가 향상된 것입니다. 공부만 제대로 한다면 점점 파도를 타고 나아갈 수 있게 된 것입니다. 실패할 확률이 적어지면서 성공을 위해 달리는 속도도 함께 올라갑니다. 지금처럼 공부만 제대로 한다면 생활의 수준을 높일 수 있는 시대는 없었습니다.

물론 일본이 필리핀처럼 되는 것은 저도 피하고 싶습니다. 일본인의 자부심을 갖고 경쟁력을 갖춰 다시 재무장하기를 바랍니다. 그러기 위해서는 지금의 양극화 사회에서 고속 에스컬레이터를 탑승한 사람들이 중심축이 되어 풍요로움을 점차 확산시키는 것만이 답입니다.

제6장

인생을 매니지먼트하는
성공법칙

• • •

"아, 내가 쓰고는 있지만 엉뚱한 것들뿐이로구나.
실천회 회원님들은 이 비상식적인 내용을 잘도 따라와줬구나!"
이것이 '일류기업실천회'가 휴회하기 전에
마지막 원고로 간다 마사노리가 전한 그동안의 소회입니다.
하지만 이 '비상식적인 내용'을 통해
수많은 '비상식적으로 성공한 사람들'을 배출했다고 합니다.

앞으로 5년 동안,
즐겁게 일하고 돈을 모으려면?

1. 도입기와 성장기, 성숙기의 세 시기는 각각 똑같은 햇수가 적용됩니다.

2. 그렇다는 것은 도입기에서 성숙기까지 걸린 시간을 알아보면 성장기의 끝 지점이 언제인지, 상당한 정밀도로 예측이 가능합니다.

3. 성장기의 반환지점(성장기의 정중앙 지점)까지가 광고 효과의 반응이 가장 높은 시기입니다.

4. 성장기에는 경쟁회사들의 출몰로, 성장하고 있는 제품의 판매만으로는 이익이 잘 얻어지지 않을 수 있습니다. 반면에 고객을 확보하기 위한 비용은 줄어듭니다. 따라서 이 시기에는 앞서 개발한 상품을 전면에 내세워 고객을 확보하고, 동시에 후속 제품의 개발을 도모해야 합니다.

이런 방식으로 성장 커브[30])의 활용법을 이해하고 팔리는 제품을 발

---

30) 성장 커브 : 제4장에서 설명했습니다.

견하는 것은 아주 중요한 일입니다. 어떤 천재라도 팔리지 않는 제품을 끌어안고 있다면 빈곤해지는 것은 시간 문제입니다. 반대로 어떤 바보라도 종종 팔리는 상품에 전념을 다한다면 얼마든지 부자가 될 수 있습니다.

여러분은 성장 커브를 활용해 자신의 상품이 얼마나 팔리는 물건인지, 아닌지를 확인할 수 있었을 것입니다. 그렇게 인지하고 난 다음에는 다음 단계로 '나는 왜 이 상품을 다루고 있는가?'에 대해 생각할 필요가 있습니다. 그러기 위해서는 당신 스스로의 사명감, 즉 미션이 중요한 포인트가 됩니다. 그럼 지금부터 '미션을 만드는 방법'에 대해 자세히 설명하겠습니다.

스스로
최면을 걸어라

"실천회는 돈을 잘 버는 것이 목적인 곳 아닌가요? 왜 '사명감' 같은 종교적인 개념을 말씀하시는 것이죠?"

저의 대답은 간단합니다. **미션을 가지지 않는다면 발상이 부족해지기 때문입니다.** 미션을 명확하게 하면 24시간 내내 우뇌가 움직이게 됩니다. 좌뇌는 잠들어 있어도 우뇌는 피곤한 것을 모르고 계속 일합니다. 그 이야기는 여러분이 미션을 갖는다면 24시간 노력하지 않아도 새로운 것을 계속 발견하고, 거기에 발상까지 떠오르게 된다는 뜻입니다. 특별히 노력을 더 하거나 열심히 하지 않아도 괜찮습니다. 오히려 심신을 릴렉스하면서 즐거운 일을 하면서 멋진 아이디어를 내놓을 수 있게 되는 것이죠.

미션이라고 하면 여러분은 멋진 미션만 떠올릴 것입니다. 솔직히 말해서 우리 회사의 미션은 아주 멋지다고 하면서 말이죠.

알막의 미션

- 실적을 올리는 것에 진지한 자세로 임하고, 상식에 구애받지 않고 혁신을 꾀하는 회사에 최신 마케팅 기법을 가르칩니다. 그 결과, 압도적인 경쟁력을 갖춘 회사가 다수 탄생하고, 중소기업 활성화의 기폭제가 됩니다.

- 회원들의 성공을 위해 회원들의 기대를 넘어서는 지원을 제공합니다. 한 팀이 되어 철저하게 함께 궁리합니다. 반면, "돈을 냈으니 당신이 궁리하세요. 돈을 버는 방법을 어서 알려주세요"라는 태도를 가진 회사는 저는 피하고 싶습니다. 괜히 무거운 짐을 짊어지고 싶지는 않으니까요.

솔직히 지금이니까 말씀드릴 수 있는 게 있습니다. 사실 빈곤한 시기에는 멋진 사명감을 갖기가 어렵습니다. 독립한 시기에도 멋진 사명감을 갖지는 못했습니다. 저의 독립 초창기의 미션은 무엇이었을까요?

'비상식적인 자유, 그리고 풍요로움.'

겨우 이 정도였습니다. 에고가 가득 찬 미션이었죠. 그 당시에는 어느 정도의 결과를 내기 위해서 에고가 필요했습니다. 그러니까 너무 멋진 미션이 아니어도 됩니다. 지금의 여러분에게 가장 필요한 미션을 만들면 되는 것이니까요.

자, 그러면 이제부터 여러분이 "그래! 미션을 만들어보자!"라고 결심했다고 칩시다. 그런데 여기서 브레이크가 걸립니다. "도대체 어떻게 미션을 만들어야 하지요?"라고 말이죠. 미션을 만드는 것은 간단하게 보이지만, 사실 그렇지 않습니다. 잘 만들어놓지 않으면 성공으로 향하는 여러분을 자동 조종할 수가 없습니다.

따라서 누구나 할 수 있는 효과적인 미션의 만들기 방법을 알려드릴까 합니다. 여기서 중요한 것은 하고 싶지 않은 일을 명확히 하는 것입니다. 제가 하기 싫었던 것들의 예를 한번 들려드리겠습니다.

- 재고를 가지고 싶지 않다.
- 넥타이를 매고 싶지 않다.
- 손님에게 고개를 숙이고 싶지 않다.
- 쉴 틈 없이 휴대전화가 울리는 일은 하고 싶지 않다.
- 긴급 호출에 불려 나가야 하는 애프터 서비스는 하고 싶지 않다(예전에 냉장고를 판매하고 있었을 때, 12월 31일에 고장이 났다는 전화가 걸려 와 엄청나게 고생했던 기억이 있습니다).
- 논리에 반하는 일은 하고 싶지 않다.
- 매일 정해진 시간에 일하지 않으면 안 되는 일은 피하고 싶다.

이런 식으로 내가 하고 싶지 않은 일을 명확하게 정리해봅니다. 그 후에 하고 싶은 일을 정리해나가는 거예요. 처음부터 하고 싶은 일을 명확하게 하면 실패합니다. 왜냐하면 체면 때문에 끌려가게 되어 있기 때문입니다.

예를 들어, 상장한 기업의 오너가 되어서 큰 부자가 되고 싶다고 적습니다. 그런데 회사가 상장한 순간, 남들에게는 큰 부자로 보일지는 몰라도 그 돈은 내 돈이 아닙니다. 주가를 유지해야 해서 함부로 주식을 매각할 수도 없습니다. 대저택을 소유하게 됐는지는 몰라도 너무 넓어서 청소하는 것도 고역이죠. 게다가 회사가 사회의 공적인 존재가 되기 때문에 주주들의 까다로운 요구도 들어줘야 합니다. 결국 회사는 내 것이 아니고, 도리어 회사가 나를 사용하는 상황이 벌어집니다.

지금까지의 상식으로 본다면 상장은 기업의 궁극적인 꿈이자 목표였습니다. 하지만 그런 상황이 실제로 벌어지게 되면 자유롭지 못한 상황들이 여럿 연출됩니다. 회사의 몸집이 커지면 커질수록 자신의 자유는 점점 줄어듭니다.

상장을 준비하기 위해 수많은 규칙이 만들어지고, 예전에 없던 간접비의 지출도 늘어납니다. 왠지 직원들은 예전보다 열심히 일하지 않는 것만 같고, 회사는 자신의 손아귀에서 점점 멀어지는 듯한 인상을 받습니다. 그러면서 역시 상장하지 않는 게 좋겠다는 생각에 이르게 됩니다. 따라서 정말로 본인이 상장을 원하는지, 원하지 않는지 확실하게 결론을 내려놓지 않으면 목표는 절대로 달성할 수가 없습니다. 목표를 달성하려고 마음먹고 있어도 실제 본인 마음은 그 목표에서 점점 멀어지기 때문입니다.

'상장해서 큰 부자가 될 거야!'
'아니야, 그것보다는 자유로운 생활이 더 좋아.'

이렇게 우왕좌왕하는 마음이 계속 반복되면 몇 년이 걸려도 목표는 이루어낼 수 없습니다. 그러므로 세상의 상식에 휘둘리지 말고 정말로 본인이 이루고 싶은 목표를 생각해내야 합니다.

하기 싫은 일을 명확하게 정리해서 요약하면, 자기도 모르게 하고 싶은 일을 잘 해내기 위해서 120% 각오하고 전력투구하게 됩니다. 각오는 그만큼 대단한 힘이 있습니다. '그렇게 됐으면 좋겠는걸', '그게 있었으면 좋겠는걸' 이런 단순했던 꿈이 "꼭 실현하고야 말겠어!"라는 명확한 욕망으로 바꾸는 힘이 그 안에 있습니다.

하기 싫은 일을 결정하고, 하고 싶은 일을 명확하게 만드는 것. 그렇게만 한다면 집중할 수 있습니다. 그리고 처음으로 한 발짝 앞으로 나아갈 수 있습니다.

실제로
미션을 만들어보자

   하고 싶은 일이 명확해졌다면 이번에는 미션을 만들기 전에 자기 자신에게 다음의 질문을 던져봐야 합니다.

   "삶이 앞으로 반년 정도밖에 남지 않았다면 당신은 무엇을 하겠습니까?"

   그 질문에 이어서 다음의 문장을 완성해봅니다.

   내 인생에 부여된 사명은….

   이에 대한 답이 바로 여러분의 사명입니다.
   만약 반년밖에 살지 못한다면 저는 가족과 함께 남은 시간을 보내고 싶습니다. 하지만 그런 바람에도 불구하고, 결국에는 지금과 같은 일을 계속할 가능성이 큽니다. 일을 열심히 하고, 가족을 열심히 사랑할 것입니다. 왜냐하면 나라는 사람이 마지막까지 중소기업의 활성화를 위해

100%의 노력을 다해서 일했다는 것을 남겨진 가족에게 전달하고 싶어서입니다.

왜 미션이 없으면 회사는 변하지 않을까요? 모든 답은 질문을 구해야지만 비로소 얻어지는 것이기 때문입니다. 선문답처럼 들릴 수 있겠지만 아주 간단한 진실입니다. 질문을 하지 않으면 답은 얻어지지 않습니다. 재미있는 것은 뇌의 구조상, 우리가 질문한 순간에 이미 답이 자동으로 구해진다는 것입니다.

뇌는 1초에 몇백만 바이트에 해당하는 정보를 입수합니다. 여러분이 욕조에 들어가 릴렉스하고 있는 시간에도, 잠을 자는 순간에도 뇌는 여러분의 사명을 충실하게, 그리고 추구하는 답을 계속 찾아내고 있습니다. 여러분에게 필요한 정보는 반드시 뇌가 찾아줍니다. 하지만 질문을 하지 않으면 여러분 앞에 답이 떨어지지 않습니다.

요컨대, 여러분에게 필요한 것은 모두 눈앞에 있습니다. 그것을 인지하느냐, 인지하지 않느냐의 차이일 뿐입니다. 인지하고 깨닫기 위해서는 의식적으로 스스로한테 질문을 던져볼 필요가 있습니다. 의식의 역할은 자신의 인생을 효과적으로 살아내기 위해 무의식을 통제하는 것이니까요.

'질문하는 능력'은 아주 중요한 능력입니다. 제가 전화회의를 할 때 참가자 전원에게 질문을 던지는 것은 바로 이와 같은 이유 때문입니다. 질문을 받는 순간, 참가자들은 답을 찾기 시작합니다. 더욱이 질문에 대한 답을 저의 손을 빌리지 않고도 스스로 찾는 경우가 많습니다. 저의 전화회의라는 것은 그 확인 작업을 할 수 있는 장소를 제공하는 역할을 합니다.

적절한 질문을 던질 수 있느냐, 없느냐에 따라 수입이 결정됩니다. 훌륭한 질문을 던지려면 어떻게 해야 할까요? 바로 '목적의식'을 가져야 합니다. 그렇습니다. 목적이 없다면 질문이 성립할 수가 없습니다. '목적의식=미션', 이것이 바로 모든 활동의 엔진, 동력이 됩니다. 미션이 없다면 여러분은 달릴 수가 없습니다.

저도 얼마 전까지만 해도 미션의 중요성을 잘 알지 못했습니다. 하지만 지금은 "그동안 잘해왔구나"라고 말할 수 있을 정도로 무섭게 느끼고 있습니다.

어느 유명한 강연가는 "저는 미션이나 사명감 같은 것은 갖고 있지 않습니다. 왜냐하면 그런 것들을 가지지 않고 편하게 가는 것이 인생이 더 쉽게 가기 때문입니다"라고 말했습니다. 물론 그렇게 생각하는 사람도 있을 수 있습니다. 하지만 저는 "상품을 파는 사람일수록 미션을 가져야 한다"라고 생각합니다. 이부카 마사루(井深大), 혼다 소오이치로(本田宗一郎), 마츠시타 코노스케(松下幸之助)를 비롯해, 위대한 경영자는 모두 미션을 명확하게 가지고 있었기 때문입니다. 미션이 필요하지 않은 사람도 존재합니다. 하지만 세상을 바꾸는 혁명가는 미션이 꼭 필요합니다.

셀프 이미지로
순간적으로 자신을 변화시키다!

자신의 미션을 실제 행동으로 연결해서 결과를 내려면 한 가지 더 중요한 작업을 수행해야 합니다. 그것은 바로 셀프 이미지입니다. 셀프 이미지란, 자신에 대한 이미지를 만드는 것을 말합니다. 목표를 설정해도 자신이 그것을 달성하기 위한 셀프 이미지를 가지고 있지 못하다면 목표를 이루기가 어렵습니다.

예를 들어 마케팅을 아무리 공부했다고 할지라도 '나는 장사 체질이 아니니까'라는 이미지를 가지고 있다면 절대로 정보를 얻을 수 없습니다. 정보를 얻을 수 없으므로 행동에도 큰 변화가 없습니다. 돈을 벌고 싶은데 '나는 장인이니까', 또는 '기술자니까'라는 셀프 이미지만 갖고 있다면 치명적인 상황에 놓이게 됩니다. 목표를 정했다면 그에 맞는 이미지를 만들어 목표를 달성할 수 있도록 변해야 합니다. 즉, 자신의 목표를 즐겁게 달성하기 위해서 **자신에게 어울리는 셀프 이미지**를 구축하는 것입니다.

저는 예전에는 '실천 마케터'라는 셀프 이미지만 가지고 있었습니다. 스스로 실천하는 것은 괜찮았지만 '인류에게 가르침을 전달한다'라는 사명에 대해서는 망설이고 있었습니다. 저보다 더 많은 경험을 가진 사람들이 있다고 생각했고, 선생이라고 불리기에는 저 자신이 부족하다고 여겼습니다.

그런 저는 어떤 상태였던 것일까요? 세미나의 휴식 시간에는 강사 대기실로 돌아갑니다. 점심시간이 되어서도 대기실로 돌아가곤 했습니다. 대기실에 조용히 앉아서는 "하, 지친다. 지쳐", "정신적으로 좀 피곤하네?" 이러면서 한숨을 푹푹 내쉬곤 했습니다. 그러던 어느 날, 이래서는 안 되겠다는 생각이 번쩍 들었습니다. 그러면서 셀프 이미지를 변신시키기로 결심했죠.

어떤 셀프 이미지로 변신했을까요? '에너자이저 선생님', 그러니까 '에너지를 주변에 마구 퍼뜨리는 선생님'이라는 이미지였습니다. 그러면서 자신에게 최면술을 걸었습니다.

"나는 에너지를 전달하는 교사다."
"내 강연을 들으면 행동에 에너지가 샘솟는다."

이 셀프 이미지를 종이에 써서 매일 아침, 매일 밤 들여다봤습니다. 그리고 걸을 때마다 가방 속에 들고 다녔습니다. 그랬더니 놀랍게도 사람 앞에 서는 것이 즐거워졌습니다. 아침 8시 30분부터 밤 12시까지 쉬지 않고 세미나에 참석해도 하나도 피곤하지 않았습니다.

여러분도 아시다시피 저의 세미나는 쉬는 시간에 참가자에게 질문을 받습니다. 대체로 점심시간에도 식사하지 않고 계속 질문을 받죠. 강의가 끝난 후에도 남아서 시간이 허락하는 한 계속 질문을 받습니다. 그렇게 했는데도 전혀 피곤하지 않았습니다. 참으로 신기한 일입니다. 인간의 에너지란 이렇게 간단한 스위치를 켜는 것만으로도 작동합니다.

셀프 이미지는 여러 개 있어도 좋습니다. 저의 셀프 이미지는 '슈퍼 이노베이티브(innovative) 마케터'이면서 '마스터 클로저(계약의 프로)'이면서 '슈퍼 스피드 실천가'이면서 '슈퍼 에너자이저 선생님', 게다가 '영주(도노사마) 세일즈맨(영주 세일즈, 281페이지 참조)'입니다. 사실 예전에는 공무원이었습니다. 그런데 저의 셀프 이미지를 공무원이라고 한정하면 절대로 상품을 판매할 수가 없습니다. 그리고 행동으로 이어지기도 어렵습니다.

그저 단순하게 "즐겁게 일하고 돈을 벌자"라고 말씀드려도 많은 회원들은 오로지 판매하는 상품을 통해서만 발상을 시작합니다. 현재의 생활을 위한 수확이 없으면 안 된다고 생각하기 때문입니다. 그런 상황을 어떻게 알고 있냐면 저도 비슷한 경험을 해봤기 때문입니다. 통장의 잔고가 부족할 때는 '지금 가지고 있는 상품을 어떻게 팔지?'라는 생각에 매몰되어서 보다 높은 고도의 과제를 수행할 여력이 없습니다.

사람은 돈을 여유 있게 벌고 나서야 저의 미션은 "사람을 위해서 봉사하는 것입니다"라고 말할 수 있습니다. 하지만 자기 자신의 상태가 바닥이라고 생각될 때는 그 공허감을 채우지 않으면 사람에게 봉사하는 것은 생각할 수 없다는 게 본심일 것입니다. 그래서 일단은 어쨌든 상품을 팔기 위해서, 그리고 회사를 번영시키기 위한 발상력을 찾아내는 도구로서 미션을 가질 것을 추천하고 있는 것입니다.

'미션+셀프 이미지'의 과정은 자신을 최면에 걸게 해서 보다 풍요로운 발상력을 갖게 합니다. 자신의 성공을 위해서 자신에게 맞는 최면술을 걸 필요가 있는 것이죠.

오래된 경영자 모임에 참석해보면 '어떻게 하면 살아남을 수 있을 것인가?'와 같은 생각을 하며, 심각한 표정을 짓고 있는 사람들이 대다수입니다. 말하기 좀 그렇지만 그들은 집단 최면 상태에 빠진 것입니다. 인간은 단조로운 말을 계속 반복하게 되면 아주 쉽게 최면술에 걸려버립니다. "당신은 잠에 빠져듭니다, 잠에 빠져듭니다"라고 하면 진짜로 깊은 잠에 빠지는 이치와 같습니다. 따라서 "지금은 불황이다. 불황이다. 불황이니까 돈을 벌 수가 없다. 불황이니까 돈을 벌 수가 없다"를 반복하면 진짜 그런 최면에 걸려드는 것입니다.

어차피 최면술에 걸릴 거라면 자신의 목표 달성을 위한 최적의 최면술에 걸려버리는 것이 좋습니다. 최면에 걸렸다가 깨어난 순간, 이미 그 목표는 달성되어 있을 테니까요. 연간 2,000여 건이 넘는 상담을 하면서 알게 된 것은, 우뇌의 활동을 인지하면서 좌뇌의 기술을 습득한다면 짧은 시간 안에 실적을 올릴 수 있다는 사실입니다. 우뇌와 좌뇌의 균형이 잘 맞춰졌을 때, 실적은 확실하게 폭발한다는 사실도 말이죠.

반년 후는 지금 이 순간으로
결정되어 있다

제가 운영하는 회사는 직원들에게 목표를 설정하게 합니다. 그 목표에 얼마큼 달성하느냐를 보고 보너스를 산정하는 자기평가 조직을 꾸려나가고 있죠. 이 시험적인 모델을 반년 전부터 하고 있는데, 그사이 아주 흥미로운 점을 발견할 수가 있었습니다.

그것은 어떤 사람이 반년 후에 얼마만큼 성장하느냐는 지금 이 순간에 이미 결정되어 있다는 것입니다. 계획이 얼마나 구체적으로 결정되어 있는지, 세세하게 이미지가 구축되어 있는지에 따라 성장의 유무가 판가름 납니다.

구체적인 목표를 세운 멤버는 반년 전과는 눈에 띄게 다르게 성장해 있습니다. 기술적인 면에서, 인간적인 면에서도 모두 말이죠. 너무도 많은 변화가 생긴 덕분에 주변에서도 그를 칭찬합니다. 칭찬의 힘을 얻은 그는 더 기쁘게 일을 열심히 하게 되는 것이죠. 어떤 멤버는 4개월이 걸리는 목표를 3개월 만에 돌파한 사람도 있었습니다. 그러면서 다른 사람의 책임이었던 업무까지 척척 해냅니다. 반면에 적어낸 목표 설정의 수가 적었던 사람은 발전의 속도가 더딥니다. 이런 사실을 발견하고 저는 깜짝 놀랐습니다. 즉 지금 이 순간에 여러분의 미래는 이미 결정되어 있다는 것이니까요. 지금을 열심히 사는 것. 아주 오래된 표현이지만 저는 그에 대해 잘 모르고 있었다는 생각이 들었습니다.

현재 생각을 하는 것. 그리고 그것을 종이에 적어내는 것. 그것이 수개월 후의 우리의 모습을 결정짓습니다. 반년 후가 아니라 지금 이 순간에 어떤 계획이 있느냐가 모든 것을 결정하는 것입니다.

지금을 소중히 하면 에너지가 무한정으로 샘솟게 됩니다. 우리가 어렸을 때의 모습을 상상해보면 이해가 가실 것입니다. 아이들의 에너지는 항상 솟아 넘칩니다. 언제나 파워풀하죠. 왜 그럴까요? 아이들은 지금 이 순간을 즐기기 때문입니다. 지금 이 순간이 기쁘면 웃고, 슬프면 웁니다. 단지 그것뿐인 거예요.

이렇듯 지금의 순간을 살아가면 에너지가 모입니다. 어른이 되면 우리는 과거에 집착합니다. 미래는 불안함을 느낍니다. 그러면 에너지가 줄어들 수밖에 없습니다. 과거는 그리 중요하지 않습니다. 지금 여러분이 생각하고 있는 것이 바로 반년 후의 여러분의 모습을 결정합니다.

자, 그것을 수학에서 미분하듯 세세하게 다시 나눠봅니다.

한 달 후의 자기 모습은 지금 결정된다.
내일의 내 모습은 지금 결정된다.
수개월 후의 내 모습은 지금 결정된다.

여러분의 미래는 이렇듯 지금의 시점에서 계획이 얼마만큼 구체적으로 실행 가능한지에 따라 결정된다는 것을 알고 계셔야 합니다.

당신은 선두에 설
의무가 있다

얼마 전에 가족들이 모두 외출하고 저 혼자 집에 남은 적이 있었습니다. 집에서 일하면서 잠깐 휴식을 취하게 됐는데, TV를 켜보니 때마침 테러 사건 특별방송을 하고 있었습니다. 방송의 내용은 다음과 같았습니다. 미국의 9·11 테러 사건으로 세상을 떠난 사람이 마지막으로 남긴 메시지를 여러 개 소개하고 있었는데, 눈물 없이는 차마 볼 수 없는 내용들이었습니다.

죽음을 각오한 순간에 최고로 사랑하는 사람들에게 휴대전화로 연락을 시도했는데, 어떤 사람은 사랑하는 아버지에게 전화를 걸어 메시지를 전달했고, 또 어떤 사람은 애인에게 전화를 걸어 절절한 메시지를 남겼습니다. 그 목소리가 자동응답기에 남겨진 사례도 있었습니다.

"내가 전화를 한 것은 사랑한다는 말을 꼭 전하고 싶어서야…."

그 당시 비행기 안에서 비행기를 탈취한 테러리스트와 싸움을 벌인 승객도 있는 모양이었습니다. 그 결과 비행기는 목표에 도달하기 전에 추락하고 맙니다. 그렇게 싸움을 벌여 테러리스트의 목표를 방해한 사람 중의 한 사람이 비행기 안에서 가족에게 연락을 취했습니다.

"위험한 일은 하지 말아요. 자리에 꼭 앉아 있어요!"

그렇게 그의 부인은 외쳤습니다. 하지만 그는 전화기 너머로 이렇게 말했습니다.

"그럴 수는 없어요. 이 녀석들은 비행기를 통째로 부딪치려 하고 있으니까."

물론 그의 부인은 알고 있었을 것입니다. 그의 의협심 강한 성격을 말이죠. 어쩔 수 없이 그녀는 남편에게 이별을 고합니다. 그가 남긴 마지막 메시지는 무엇이었을까요?

"Let's Roll!!"

"자! 그럼 시작하자고!"라는 말입니다. 그렇습니다. 그는 싸움을 시작한 것입니다. 그의 용기 덕분에 많은 사람의 목숨을 구할 수가 있었습니다. 어떻게 그는 그렇게까지 자신의 목숨을 희생하면서 행동할 수 있었을까요?

그것은 바로 자각에서 올 수 있는 것입니다. 내가 해야만 한다는 자각 말이죠. 생각해보면 우리 일본인들은 그런 책임에서 늘 도망쳐 왔습니다. 그리고 책임을 지는 것을 안 좋은 것으로 생각해왔습니다. 그 결과, 누구나 장사를 진지하게 하지만 그 책임을 진다는 행위에 대해서는 자각이 없었던 것입니다. 우리는 경영자로서 그 힘을 부여받았다는 것에 대해 책임을 져야만 합니다. 그 지점에서 실천회가 열혈 집단이 되어 세간의 눈총을 받는다고 해도 저는 상관없습니다.

우리는 상인입니다. 상인은 비상식적으로 돈을 벌 의무가 있습니다. 돈을 벌 필요가 있는 것입니다.

자기 혼자 먹고살아서 될 문제가 아닙니다. 우리가 선두에 서지 않으면 누가 일본을 이끌어 나갈 수 있겠습니까? 이대로 침몰하는 배에 승선해 그대로 같이 침몰할 것입니까? 아니면 나서서 선두에 설 것입니까?

이 자각이 이루어진다면 지금의 시기가 아주 중요한 시기라는 것을 알게 될 것입니다. 우리가 지나고 있는 이 시기는 그리 길게 지속되는 것이 아닙니다. 일순간에 지나지 않습니다. 그러므로 단 일순간도 도망쳐서는 안 됩니다. 미리 말씀드리지만, 이 시기에 자각을 갖게 된다면 일본의 선두에 설 회사와 침몰하는 회사가 확연히 구분되어 보일 것입니다.

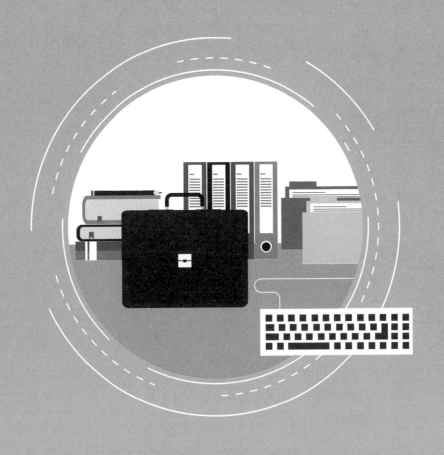

간다 마사노리가
마지막으로 보내는 뉴스레터

70대 노련한 경영자의
지혜 활용하기

벌써 휴회하기 전, 마지막으로 보내드리는 뉴스레터의 시간이 찾아 왔습니다. 통권 66호. 5년 반을 걸쳐서 죽을 만큼 매일 열심히 써 내려 갔습니다. 그 지난 노력을 들여다보면서 지금까지의 뉴스레터를 살펴 보니 실천회에서 제공한 내용들은 획기적인 것들이었다는 생각을 하게 됩니다. 복습하는 의미에서 어떤 내용들을 전달했는지 살펴보겠습니다.

1. 다이렉트 리스폰스 마케팅

자신이 직접 영업하러 나서는 것이 아니라 흥미가 있고 구매할 의사 가 있는 손님에게 손을 뻗는 마케팅 방법입니다. 이 방법을 실행하려면 광고, DM, 전단지를 효과적으로 활용해 고객의 반응률을 높이는 것이 중요합니다. 고객의 반응률은 무엇을(5개의 열쇠가 되는 질문), 어떤 순번(PA SONA)으로 할지에 따라 결정됩니다.

2. 영주(= 치하) 세일즈

흥미를 보이는 예상 고객 중에서 구입률이 높은 고객에게 집중하는 영업을 합니다. 상대가 만족하는 조건을 "〇〇〇한 이유로 뭔가 고민되는 부분이 있으십니까?"라고 하며 끌어내며 듣습니다.

3. 일류화(스타) 전략 구축법

고객이 봤을 때 매력적인 회사, 상품이 될 만한 요소(콘셉트)를 고객의 감정을 움직이는 33가지 시선으로 찾아내 전략을 재구성하는 방법입니다. 이 작업을 실행하면 하행 에스컬레이터를 타는 모델이 아닌, 상행 에스컬레이터를 타는 모델이 될 수 있습니다.

4. 포토 리딩(= 초고속 정보처리법)

이것은 정말 획기적인 방법이었습니다. 1초에 1페이지를 읽는 속독법으로, 책에 적혀 있는 정보를 빠르게 인식하는 우뇌활용방법입니다. 거짓말 같지만 실제로 가능한 방법입니다. 포토 리딩을 알게 되면서 "인생이 바뀌었다", "살아가는 속도가 빨라졌다"라고 말하는 사람들이 속출하고 있습니다.

5. 봄여름가을겨울 이론(인생의 흐름에 맞춰 지속적인 성공을 꾀하는 방법)

여기까지 오고 나니 "간다 씨의 머리가 정말 이상해졌다"라고 말하는 사람들이 생겨나더군요. 비즈니스를 짧은 시간 안에 성공시키려면 조직을 잘 짜야 하는 것은 자명합니다. 하지만 비즈니스도 인생의 파도를 타지 않으면 수년 후에는 쇠퇴하게 됩니다. 한 번만 대박을 터트리는 것이 아닌, 지속 가능한 사업을 목적으로 하고 있다면 반드시 12년마다 돌아오는 봄여름가을겨울의 생애주기를 알고 있어야 합니다. 이 법칙을 알게 되면 신규 사업을 런칭하는 타이밍, 비즈니스를 손절하는 타이밍을 모두 알게 됩니다.

6. 조직을 자동 조종하는 방법(여러 개의 회사를 운영하는 오너가 되는 방법)

이 방법을 습득하게 되면 조기 은퇴가 가능해집니다. 많은 사람이 돈을 버는 기업의 대표는 마음 편하게 은퇴가 가능할 것으로 생각하지만, 실상은 그렇지 않습니다. 대표가 은퇴하려면 직원을 신뢰하는 마음, 그리고 대표의 DNA를 기업 전체에 심어두어야 합니다.

지금까지는 정신적 이론으로서의 매니지먼트 방법이 많았지만, 이 방법은 시스템적으로 회사와 직원을 행복하게 하는 방법을 정립했습니다. 즉, 최신 심리학을 조직에 응용했다고 볼 수 있죠.

자, 여기까지 쓰고 보니 정말 엉뚱한 것들만 나열되어 있는 것 같네요. 우리 회원님들은 이런 비상식적인 내용을 잘 참고 따라와줬습니다.

최근 우리 실천회에 입회한 회원은 이 내용을 보고 "정말 모르겠어요"라고 충격을 받을지도 모릅니다. 하지만 이 뉴스레터의 내용은 이것이든, 저것이든 전부 비즈니스를 위한 본질적인 내용들을 다루고 있습니다. 특히 봄여름가을겨울 이론이라든지, 조직의 자동 조종법 같은 것은 경영자라면 반드시 알고 있어야 할 내용입니다. 앞으로 풍요롭고 자유로운 삶을 갈망한다면 말이죠.

지금까지는 이 정도 수준의 지혜는 70살이 넘은 노련한 경영자가 아닌 다음에야 알 수 없는 것들이었습니다. 그것을 여러분들이 알기 쉽게 법칙으로 만들어 20대든, 30대든 경영자라면 누구나 활용할 수 있게 했습니다.

인생에는 일정한 주기가 있다는 것을 40대나 50대에 성공한 젊은 경영자들에게 이야기하면 이해할까 싶지만, 70대의 경영자에게 같은 말을 전하면 흥미로운 반응이 나옵니다.

"잘 알고 있군!"

이 정도의 정보를 5년 반 동안 열심히 발행했습니다. 확실히 속도가 빠르긴 했습니다. 제 자신도 통상 비즈니스로 30년 정도 걸릴 일을 단 5년 동안 사이에 해치웠으니까요. 아직 더 발행하고 싶은 정보가 많습니다만 이렇게 지금까지 전달한 내용을 많은 회사가 받아들이고 정착시킨 이후에 다시 새로운 정보를 알려드리고자 합니다.

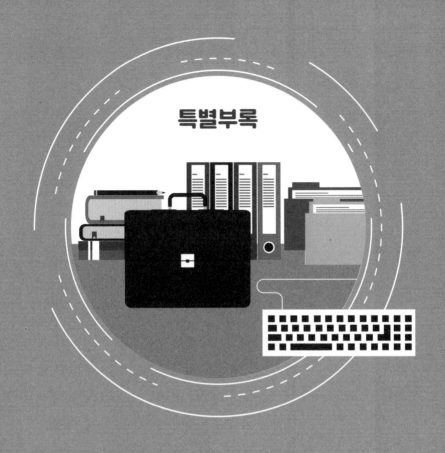

특별부록

**개인과 회사의 성장이 연결되기 위한
목표설정·실적평가 시트**

개인과 회사의 성장이 연결되기 위한 목표설정·실적평가 시트

기간 : 2003년 4월~2003년 5월　　회사명 : 주식회사 알막　　이름 : ○○○

학습하는 조직에서 멤버의 역할

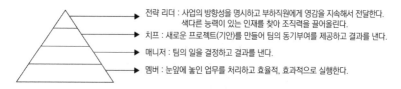

전략 리더 : 사업의 방향성을 명시하고 부하직원에게 영감을 지속해서 전달한다. 색다른 능력이 있는 인재를 찾아 조직력을 끌어올린다.
치프 : 새로운 프로젝트(기안)를 만들어 팀의 동기부여를 제공하고 결과를 낸다.
매니저 : 팀의 일을 결정하고 결과를 낸다.
멤버 : 눈앞에 놓인 업무를 처리하고 효율적, 효과적으로 실행한다.

Step 0 : 현재의 사진을 알기

• 자기 자신을 보다 심도 높게 알면 자기 능력을 활용, 성장하는 것이 가능해집니다.

① 당신의 학습 스타일 (다중지능이론)

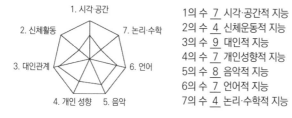

1의 수 _7_ 시각·공간적 지능
2의 수 _4_ 신체운동적 지능
3의 수 _9_ 대인적 지능
4의 수 _7_ 개인성향적 지능
5의 수 _8_ 음악적 지능
6의 수 _7_ 언어적 지능
7의 수 _4_ 논리·수학적 지능

코멘트

다른 사람의 기분 상태, 욕구 등을 인지하는 능력이 상당히 높습니다. 그렇게 취합한 정보를 높은 언어적 감정표현과 잘 섞어서 매니지먼트에 활용하기를 바랍니다. 논리·수학적 지능은 저번 테스트보다 성장했습니다. 자기 자신의 매니지먼트라는 시점으로 의식적으로 자기 인식을 할 수 있는 일을 하면 좋겠습니다. 수치를 의식적으로 올릴 수 있다는 것을 배웠기 때문에 현 상황의 결과를 보고 부정적인 평가를 내리지 않으면서 멤버의 능력을 끌어낼 수 있도록 사용해주시길 바랍니다.

② 당신의 과제 (봄여름가을거울 이론)

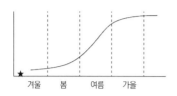

코멘트

겨울의 첫 번째 해입니다.

모든 것이 새로 시작한다는 것을 의식하고 떠오르는 발상, 아이디어에 대한 시행착오를 두려워하지 말고 방향성을 가지고 업무에 전진하시길 바랍니다.

③ 회사(팀)에서 당신의 역할

• 자신의 역할은 무엇이라고 생각합니까? 회사와 팀 속에서 생각해보세요.

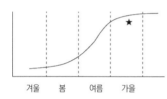

	효과	효과
단기	실무자	관리
장기	창업가	마무리 역할

코멘트

마무리 역할이라는 것을 의식하고 '사랑과 의지'를 가지고 매니지먼트를 할 수 있도록 노력합니다. 현재, 매니지먼트로서 '사랑'에 비해 '의지'의 항목이 약합니다. 그 부분을 실무자적인 실천을 행함으로써 균형을 이루시길 바랍니다. 의지를 명확히 전달하는 트레이닝을 하면 신뢰를 받을 수 있습니다.

Step 1 : 미래의 자신을 알기

① 지금의 계절이 끝났을 때 당신은 어떤 감정을 갖고 싶습니까?

② 일을 통해서 당신은 지금의 시기에 어떤 것을 배우고 싶습니까?

③ 직무보고서에 자신의 실적으로 어떤 내용을 기입하고 싶습니까?

①~③의 답으로 생각나는 키워드를 3~5개 기입해주세요.

1. 코칭, 카운슬링의 기술을 배워 상황, 능력을 키워 적확한 서포트를 할 수 있는 능력을 몸에 익힌다.

2. 홈페이지 관련 작업의 효율화, 시스템화.

3. 안정된 팀 만들기.

4. 즐겁게 성장할 수 있는 장소를 만들기.

5.

지금 당신의 테마는?   **현재 상황 인식과 과제 발견**

Step 2 : 미래의 자신을 보기

• 이번 시기의 끝 무렵에 달성하고 있는 실적을 10개 정도 기입해주세요. (SMART의 원칙)

일상 업무

○ 1. 고객 데이터베이스의 문제점을 명확화, 중복등록자의 수정을 완료함.

○ 2. 홈페이지에 게시되어 있어야 할 상품이 모두 게시되어 있음(고객지원 시점에서 수정).

× 3. 편집 업무(테이프 세미나 등)의 시스템화가 정비되어 있음.

× 4. 매니저가 매니저로서 해야 할 역할을 시작하고 있음.

○ 5. 서버의 처리가 완료되어 바이러스 대책의 문제가 해결되어 있음.

△ 6. 회사의 방향성을 이해하고 실무 면에서 목적을 달성하기 위한 판단을 더해 멤버에게 전달할 수 있음.

○ 7. 사내, 특히 고객지원팀의 상황을 전체적으로 알고 방향을 잡을 수 있음.

□ 8.

□ 9.

□ 10.

※ 우선순위에서 떨어지는 것에 ×를 하고 정말로 실현해야 하는 항목을 3개 남깁니다.

프로젝트 업무

○ 1. 고객 데이터베이스의 문제점을 명확화, 중복등록자의 수정이 완료됨.

○ 2. 클레임 케어에 대한 시행착오의 결과(정보)가 모이고 있음.

× 3. 고객지원의 멤버가 능력을 발휘할 수 있는 장소(성장을 지원할 방법과 능력평
가의 시행착오).

○ 4. 매니저 미팅이 이루어지고 있음(팀 안에서 문제점을 논의할 수 있는 환경조성).

☐ 5.

☐ 6.

☐ 7.

☐ 8.

☐ 9.

☐ 10.

※ 우선순위에서 떨어지는 것에 ×를 하고 정말로 실현해야 하는 항목을 1개 남깁니다.
남은 항목을 기입합니다.

일상 업무

① 고객 데이터 베이스의 문제점을 명확화, 중복등록자의 수정이 완료됨.

② 홈페이지에 게시되어야 하는 상품이 전부 게시되어 있음(고객지원의 시점에서
수정).

③ 서버의 처리가 완료되어 바이러스 대책의 문제가 해결됨.

사내, 특히 고객지원팀의 상황을 전체적으로 이해하고 우상향으로 향하게 함

프로젝트 업무

① 매니저 미팅이 이루어지고 있음(팀 안에서 문제점을 논의할 수 있는 환경조성).

• 현실을 향해 전진하고 있는 최초의 일은 무엇이었습니까? 생각나는 키워드를 몇
개 기입합니다.

일상 업무

① 지시에 맞는 고객지원 시스템의 신버전이 설치됨.

② 홈페이지에 새롭게 올린 상품의 주문이 들어옴.

③ ○○씨에게 현황보고를 위한 보고서가 제출됨.

프로젝트 업무

① 멤버의 실사 승낙을 얻어 시간을 설정함.

• 실제로 이루어지지 않으면 어떤 기분이 드나요? 생각나는 키워드를 몇 개 기입합니다.

일상 업무

① 잘할 수 없는 일을 멤버에게 전가시켜 시간과 경비를 낭비한다는 죄책감.

② 팔리는 제품을 안 팔고 있는 것에 대한 초조함.

③ 바이러스 또는 데이터 소실에 대한 불안감.

프로젝트 업무

① 팀의 독립.

• 현실을 타개하기 위한 첫 번째 한 걸음은?

일상 업무

① SMART의 원칙에 맞는 구체적인 지시를 인터미디어시스템에 제출하기.

② 상품의 개선, 재고의 현황을 파악한 판촉 설계.

③ 매주 금요일의 고객지원팀 미팅 실사, ○○ 씨에게 정보를 취합하는 트레이닝을 부탁함.

프로젝트 업무

① 매니저에게 실사를 하도록 요청, 시간을 설정함.

Step 3 : 미래의 자신이 되기(성장한 자신을 만나기)

(1) 일상 업무의 목표달성도 (10단계 평가)

목표	자기평가	상사평가	비고
①			
②			
③			
합계 (1)			

(2) 프로젝트 업무의 목표달성도 (10단계 평가)

목표	자기평가	상사평가	비고
①			
합계 (2)			

(3) 역할 · 책임의 달성도 (10단계 평가)

멤버	자기평가	상사평가	비고
일상 업무를 잘 수행했나.			
상사에게 업무의 현황 보고와 상담을 했나.			
소계			
매니저	자기평가	상사평가	비고
계획을 잘 세워 스케줄에 맞는 업무를 진행했는가.			
부하직원과 정기적으로 대화(코칭)하는 시간을 가졌는가.			
업무의 시스템화를 추진했는가.			
소계			
치프	자기평가	상사평가	비고
회사의 성장을 위해 매력적인 기안, 평가, 의사결정을 했는가.			
조직의 동기부여를 효과적으로 수행했는가.			
회사의 분위기를 조성하기 위해 적극적으로 부서 간 소통을 도모했는가.			

(4) 알막 멤버 베이직

	평가	계산 방법
환경준비(총무가 기입)		〈와쿠와쿠 청소통신 등의 평균점〉÷0.9
근태(총무가 기입)		무지각/무결석 : 10점 결석 일수 3일 미만 : 8점 3일 이상~7일 미만 : 5점 7일 이상 : 0점 (주의) 지각조퇴는 0.5일 결산
I-Power		매회 2개 이상 기입 : 10점 1회 불참 : 8점 2회 불참 : 5점 3회 이상 불참 : 0점
합계 (4)		

(5) 자기 PR(당초의 목표 이외에 달성한 것)

내용	자기평가	상사평가
합계 (5)		

(6) Entrepreneurship(독립 사업안을 선택한 사람 한정)

사업내용	창출한 캐시플로우	비고
합계 (6)		

(주) 별도자료 요청 필요

Step 4 : 참고액 산정(웨이트와 포인트 단가 잠정예산)

	평가①	웨이트②	업적 포인트(①×②)
(1) 일상 업무의 목표달성도		4	
(2) 프로젝트 업무의 목표달성도		10	
(3) 역할·책임의 달성도		4	
(4) 알막 멤버 베이직		1	
(5) 자기 PR			
업적 포인트 합계③			
포인트 단가④			300
업적 보너스⑤ (③×④)			

(6) Entrepreneurship으로 창출한 캐시플로우⑥	
가능성⑦	20%
창출 보너스⑧ (⑥×⑦)	
총지급 보너스⑨ (⑤+⑧)	

(주 1) 업적 포인트는 반올림.
(주 2) (3) 역할·책임의 달성도 웨이트②, 포인트단가④는 다음과 같이 산정한다.

직책	웨이트	포인트 단가
멤버	4	300
매니저	1.6	450
치프	1	600

평가기준

점수	기준
10	지금 바로 랭크업!!
9	랭크업 할 때까지 앞으로 단 1보.
8	눈이 튀어나올 정도로 훌륭했다.
7	기대를 크게 끌어올렸다.
6	기대한 것보다 잘했다.
5	기대만큼 했다.
4	기대한 만큼은 하지 못했다.
3	기대를 크게 떨어뜨렸다.
2	볼 수가 없을 정도다.
1	랭크 다운하기 일보 직전.
0	지금 바로 랭크 다운!!

상기 목표에 대한 코멘트

저는 이상의 목표설정을 수행했습니다. 상기 목표에 대해서는 회사가 시켜서 한 것이 아니라 저의 의사로 결정한 것입니다. 저는 이번 목표를 달성하는 것을 선택할 수도 있고, 선택하지 않을 자유도 있습니다. 저는 충분히 생각한 뒤에 상기 목표를 달성하는 것이 저의 인생에 있어서 아주 중요한 의미가 있을 것이라고 자각했고, 따라서 상기 목표를 달성하는 것을 선택합니다. 자신의 성장을 위해 이 목표 달성을 실현할 수 있도록 노력하겠습니다. 그리고 저의 목표 달성을 위해서만이 아닌, 다른 팀 멤버의 목표를 달성하기 위해서도 서로 신뢰하며 협력할 것을 선언합니다.

일시 : 2003년 4월 10일   본인 서명 : ○ ○ ○

저희들도 상기 목표 실현을 위해 서로 신뢰하며 협력할 것을 다짐합니다.

상사 서명 : ○ ○ ○

간다 마사노리의
매니지먼트
Management

제1판 1쇄 2023년 7월 5일

지은이 간다 마사노리
옮긴이 김수연, 이수미
펴낸이 한성주
펴낸곳 ㈜두드림미디어
책임편집 배성분
디자인 김진나(nah1052@naver.com)

㈜두드림미디어
등 록 2015년 3월 25일(제2022-000009호)
주 소 서울시 강서구 공항대로 219, 620호, 621호
전 화 02)333-3577
팩 스 02)6455-3477
이메일 dodreamedia@naver.com(원고 투고 및 출판 관련 문의)
카 페 https://cafe.naver.com/dodreamedia

ISBN 979-11-966048-4-4 (03320)